Sun Tzu

A
ARTE
DA
GUERRA

A Arte do Empreendedorismo

por Gary Gagliardi

CB048882

𝓜.BOOKS

M. Books do Brasil Editora Ltda.

Rua Jorge Americano, 61 - Alto da Lapa
05083-130 - São Paulo - SP - Telefones: (11) 3645-0409/(11) 3645-0410
Fax: (11) 3832-0335 - e-mail: vendas@mbooks.com.br

Dados de Catalogação na Publicação
Gagliardi, Gary
Sun Tzu – A Arte da Guerra – A Arte do Empreendedorismo
2008 e 2013 – São Paulo – M.Books do Brasil Editora Ltda.

1. Empreendedorismo 2. Pequenas Empresas 3. Administração 4. Negócios

ISBN: 978-85-7680-201-3

Do original: Sun Tzu's The Art of War Plus The Art of Small Business
© 2003 Gary Gagliardi. Original em inglês publicado pela Clearbridge Publishing.
© 2008 e 2013 M.Books do Brasil Editora Ltda. Todos os direitos reservados.
Proibida a reprodução total ou parcial. Os infratores serão punidos na forma da lei.
Direitos exclusivos cedidos à M.Books do Brasil Editora Ltda.

EDITOR: MILTON MIRA DE ASSUMPÇÃO FILHO

Tradução: Elaine Pepe
Coordenação Gráfica: Silas Camargo
Editoração: RevisArt
Capa: RevisArt (Sob projeto original)

Sumário

A Arte da Guerra
A Arte do Empreendedorismo

Nota do Editor

Este livro foi publicado anteriormente incluindo a tradução do livro original de Sun Tzu, apresentada página a página simultaneamente com a interpretação do texto.

Estamos relançando o livro retirando as páginas com a tradução do original, mantendo o texto interpretado, objeto principal de seu conteúdo.

Prefácio

Como Usar Este Livro

Como *A Arte da Guerra* se aplica ao Empreendedorismo? Este livro trata de muito mais do que simplesmente a arte da guerra. O título em português, que enfoca a guerra, é, de certo modo, uma tradução inadequada. O título em chinês da obra de Sun Tzu é

兵 bing 法 fa

Embora isso seja traduzido como A Arte da Guerra, uma tradução mais exata consistiria em uma única palavra: estratégia. A palavra "estratégia" vem do termo grego que significa "pensar como um general". Bing-fa, que significa literalmente "habilidade militar", refere-se ao planejamento estratégico e à análise estratégica. O fato de o livro ser sobre estratégia e não sobre guerra explica por que os métodos se aplicam tão bem a qualquer atividade de negócios que exija previsão e análise.

No *Bing-fa* de Sun Tzu, temos uma **estratégia** específica para o sucesso. Nós a denominamos "vencer sem conflito". Ela consiste em utilizar sua posição específica no ambiente de competição para identificar oportunidades e, ao mesmo tempo, utilizar os aparentes pontos fortes de seus oponentes contra eles.

Atualmente, a maioria dos leitores de *A Arte da Guerra* é composta por homens e mulheres de negócios que buscam orientação para tomar melhores decisões. Em *A Arte da Guerra*, temos um sistema diferenciado, não intuitivo, de tomada de decisões. Ele é capaz de transformar uma idéia vaga que você possa ter sobre estratégia em um conjunto de princípios claros, bem definidos. O *Bing-fa* ensina que bastam apenas alguns fatores-chave para influenciar o resultado dos seus esforços. O sucesso destina-se não ao mais forte ou ao mais agressivo, mas àqueles que melhor entendem a situação em que se encontram e as alternativas que eles realmente têm. Quando você tiver dominado o sistema de *bing-fa* de Sun Tzu, será capaz, quase instantaneamente, de analisar as situações competitivas, identificar as oportunidades e tomar as decisões apropriadas para sua empresa.

Em nossa versão para o Empreendedorismo, os princípios básicos do *bing-fa* foram adaptados para auxiliá-lo em sua luta para sobreviver ao mesmo tempo em que enfrenta concorrentes muito maiores. Ao criar sua própria empresa de sucesso, você terá de lidar com uma série de questões, cuja maior parte é abordada neste livro. Escolhemos partes dos livros sobre administração, vendas e marketing, as adaptamos ao mundo das pequenas empresas e as combinamos neste volume.

Cada capítulo é precedido por uma introdução de uma página que explica os conceitos básicos discutidos nele, seção por seção. As divisões entre as seções são indicadas por números grandes. Essas divisões apareciam no texto chinês original para fornecer contextos básicos para suas idéias.

Os princípios de Sun Tzu são simples e diretos. Porém, os conceitos subjacentes nos quais esses princípios se baseiam são ricos e complexos. As relações entre esses princípios básicos são explicadas com alguns detalhes na INTRODUÇÃO.

Sun Tzu escreveu de maneira precisa e sucinta, apresentando suas idéias em um formato muito compacto. Pense na *Geometria* de -Euclides. Tanto Euclides como Sun Tzu nos oferecem alguns conceitos básicos que se constroem uns sobre os outros. Os princípios de Sun Tzu, assim como os de Euclides, têm várias aplicações específicas. Mesmo na área geral de administração de pequenas empresas, eles podem ser utilizados de diferentes maneiras.

Por que a filosofia de Sun Tzu sobre a guerra adapta-se tão bem aos problemas relacionados à criação de uma pequena empresa de sucesso? Porque toda competição tem origem nos mesmos fatores. Sun Tzu escreveu sobre a natureza humana, os problemas de confronto e o que é importante em um choque entre vontades. A natureza da competição não mudou nos últimos dois mil anos e assim permanecerá nos próximos dois mil. As únicas diferenças entre a competição no mercado e a guerra são os tipos de ferramentas utilizadas e a natureza do campo de batalha.

Sun Tzu percebeu que a competição é, por natureza, um sistema caótico. Ele usou o termo "caos" em um sentido surpreendentemente moderno e científico. Para ele, isso não significava que os sistemas de competição não se desenvolviam de uma maneira ordenada. Queria dizer que eles são complexos, se auto-organizam e que a partir deles surgem padrões, mas que não conseguimos prever ou controlar acontecimentos específicos. Aqueles que pretendem entender a verdadeira natureza da competição têm à sua disposição a moderna teoria do caos. Se esse é seu caso, você descobrirá que muitos de seus princípios foram descobertos por Sun Tzu há 2.500 anos.

As pessoas, erradamente, vêem a guerra e, de forma mais geral, a competição como um processo antagônico, destrutivo, mas Sun Tzu a via como um componente necessário de um mundo produtivo. Ele a considerava dispendiosa, mas não necessariamente destrutiva. Sun Tzu conhecia a natureza potencialmente destrutiva da guerra, mas ensinou como minimizar os custos da competição através da lógica e da persuasão. Ele ensinou métodos que evitam as formas mais dispendiosas de conflito e ainda nos permitem conquistar novos clientes e ser rentáveis.

Essa abordagem funciona com a mesma eficiência quando se pretende conquistar clientes e obter lucros. Através de Sun Tzu, aprendemos a identificar novas possibilidades no mercado, a trabalhar com os clientes e vender para eles e a ser bem-sucedido correndo poucos riscos. Aprendemos a melhorar os processos continuamente e aumentar a produtividade.

Ao criar nossa versão para o empreendedorismo, procuramos ser o mais coerente possível ao fazer a tradução de um ambiente de guerra para o mundo dos negócios. Simplesmente definimos o mercado competitivo como um campo de batalha por vendas e clientes. Os generais aos quais Sun Tzu se refere são os pequenos empresários. A nação pela qual o exército luta se transforma na família que você precisa sustentar. O território sob disputa é o tipo específico de mercado a que você atende.

O que torna esta interpretação tão natural é a visão econômica que Sun Tzu tem da arte da guerra. No segundo capítulo de *A Arte da Guerra*, Empreendendo a Guerra, Sun Tzu reflete sobre sua natureza dispendiosa. O segredo da arte da guerra, ele concluiu, não é apenas ganhar batalhas; é ganhar de forma a enriquecer a nação. O segredo não é a vitória por si só; é torná-la lucrativa.

Esse ponto de vista econômico encaixa-se muito bem em qualquer abordagem séria de administração de uma empresa de pequeno porte. Seu objetivo ao ter sua própria empresa não é apenas vender, ter trabalho ou brilhar mais do que a concorrência; ao contrário, é ser rentável, de forma que sua empresa cresça a longo prazo. Qualquer empresa pode se sair bem por um dia ou um ano. O verdadeiro desafio é alavancar cada passo dado, de modo que seu negócio tenha cada vez mais oportunidades no futuro.

Embora o *bing-fa* mostre como ser bem-sucedido em situações de competição, a receita de sucesso de Sun Tzu é evitar conflitos desnecessários. Ele considera os conflitos dispendiosos por natureza e nos ensina lidar com confrontos diretos e hostis quando estes não podem ser evitados, mas sua abordagem básica é neutralizar essas situações antes que ocorram. Seu método é psicológico: você deve convencer os possíveis clientes e concorrentes a lhe dar o que você quer sem conflito. Mais uma vez, isso se encaixa muito bem nos objetivos de sua empresa. Você deve convencer seus possíveis adversários e rivais de que eles perderão tempo e energia tentando conquistar seus clientes. Sun Tzu ensinou a arte da persuasão como uma alternativa aos confrontos destrutivos em situações de competição.

Ao criar sua empresa, seu objetivo não deve ser apenas sobreviver, mas criar um negócio que possa sobreviver sem a necessidade de você constantemente trabalhar mais do que os outros. O tempo é seu único recurso. E ele é limitado. Você deve usá-lo de forma muito eficiente para criar uma empresa que consiga atingir o máximo de sucesso possível. A última coisa que você precisa é de uma empresa que tira mais do que lhe dá em troca.

Quando adaptamos os métodos da arte da guerra de Sun Tzu ao empreendedorismo, as lições que tiramos foram surpreendentes. Primeiramente, ele nos ensina que fechar um negócio não é suficiente. O objetivo é fechar o negócio com objetividade, com lucro e com risco mínimo. O primeiro passo no planejamento de uma empresa é entender nossos pontos fortes e fracos em relação à concorrência. Nós queremos brigar por clientes apenas em situações em que sabemos que vamos sair vencedores. Também queremos ter certeza de que isso valerá a pena.

Em seguida, as lições de Sun Tzu são bastante específicas a respeito do que fazer em determinadas situações. Ele quer que prestemos muita atenção aos detalhes da situação de nossa empresa. Sun Tzu enumera vários estágios de uma empresa, diferentes tipos de adversários, diversos erros relativos à tomada de decisão, diferentes sinais da concorrência e assim por diante. Quando adaptados à criação de um negócio, esses detalhes são surpreendentemente perfeitos. Seus conselhos são pertinentes para qualquer pessoa que deseja criar uma pequena empresa de sucesso.

Depois, Sun Tzu nos dá sua visão "colaborativa" da competição. De acordo com seu sistema, não conseguimos vencer através de nossas ações. Não criamos oportunidades de negócio. Apenas conseguimos descobrir novas oportunidades quando elas são criadas pelas necessidades do mercado. O segredo é reconhecer uma boa oportunidade quando ela se apresenta. Devemos sempre identificar as necessidades dos clientes que não foram atendidas pelo mercado. Elas é que devem nortear nossa empresa, se quisermos obter êxito.

Por fim, a visão de competição de Sun Tzu implica muito conhecimento. Saber como realizar certo tipo de tarefa não é o bastante. A vitória, segundo ele, é daquele que tem maior conhecimento em todas as áreas relacionadas à sua organização. Ele até reconhece que a criatividade é um tipo especial e importante de conhecimento. A inovação do negócio e a melhoria contínua fluem naturalmente de sua filosofia. Para Sun Tzu, nada substitui uma boa informação. Estamos começando a compreender que as pessoas na economia são remuneradas pelo seu conhecimento, mas no sistema de Sun Tzu, conhecimento é mais do que um grau maior de habilidade. É ter mais informações do que qualquer outra pessoa – teoricamente, saber mais sobre sua área de negócios do que os concorrentes.

À medida que a sua leitura avança, note como *A Arte das Pequenas Empresas* segue de perto as idéias originais de Sun Tzu em A Arte da Guerra. Ao mesmo tempo em que *A Arte das Pequenas Empresas* aplica as idéias de Sun Tzu de formas que ele jamais teria previsto, também respeita a integridade de seu modo de pensar. Seguimos seus conselhos e admoestações o máximo possível, linha por linha.

A utilidade universal dos princípios de Sun Tzu significa que você pode aplicá-los de maneiras diferentes a situações diferentes. Por essa razão, você deve ler e reler Sun Tzu pelo menos uma vez por ano. A cada leitura, você compreenderá melhor os seus métodos e sua própria situação. À medida que sua situação mudar, diferentes partes do livro se tornarão mais importantes. Em geral, o livro é organizado de modo que as questões mais amplas e as de mais longo prazo, como planejamento estratégico, são tratadas nos capítulos iniciais. Depois, os capítulos tendem a enfocar os desafios especiais encontrados em condições específicas.

Releia o primeiro capítulo, PLANEJAMENTO DE NEGÓCIO, quando precisar avaliar a situação de sua empresa e até que ponto ela se iguala à concorrência no mercado.

Releia o segundo capítulo, Tendo Lucro com Sua Empresa, para entender as conseqüências econômicas de administrar uma empresa e como fazê-la dar lucro.

Releia o terceiro capítulo, Estabelecendo um Foco, quando você sentir que sua empresa está oferecendo muitos serviços diferentes para muitos tipos de clientes.

Releia o quarto capítulo, Marketing, quando quiser definir mais claramente o que torna sua empresa especial aos olhos do mercado.

Releia o quinto capítulo, Melhoria Contínua, quando precisar de novas idéias sobre como atrair mais a atenção dos clientes e fazer sua empresa funcionar melhor.

Releia o sexto capítulo, Problemas e Soluções, quando quiser entender de forma mais clara como seus problemas com os clientes e concorrentes são realmente oportunidades que devem ser exploradas.

Releia o sétimo capítulo, Fazendo Vendas, quando não se sentir à vontade interagindo com os clientes e vendendo seus produtos e serviços.

Releia o oitavo capítulo, Adaptando-se ao Cliente, quando for necessário mudar seu conceito de negócio para atender melhor às necessidade dos clientes.

Releia o nono capítulo, Fazendo Sua Empresa Crescer, quando for preciso enfrentar os desafios de lançar sua empresa em novas áreas do mercado.

Releia o décimo capítulo, Relacionamento com o Cliente, quando for necessário saber lidar com determinados tipos de clientes.

Releia o décimo primeiro capítulo, Estágios da Empresa, quando a situação de sua empresa estiver evoluindo e você precisar utilizar as táticas adequadas.

Releia o décimo segundo capítulo, Aumentando a Produtividade, quando for necessário identificar tarefas que precisam ser agilizadas ou eliminadas para que sua empresa funcione melhor.

Releia o décimo terceiro capítulo, Utilizando Informações, quando for preciso melhorar a qualidade da informação de que você dispõe sobre sua situação competitiva no mercado.

Apesar de ser relativamente pequeno, este livro contém informações mais valiosas a respeito da administração de pequenas empresas do que outras publicações que são duas ou até três vezes mais volumosas. Não espere gostar de todos os princípios em uma única leitura, mas o tempo que se passa estudando o sistema de Sun Tzu é sempre bem investido.

Ler e reler este livro é apenas o primeiro passo para dominar a ciência de vencer sem conflitos.

Gary Gagliardi

Introdução

Os Conceitos Básicos de Sun Tzu

Sun Tzu desenvolveu o sistema de competição mais completo e poderoso de todos os tempos. É preciso entender que ele não escreveu o seu livro como uma ferramenta de treinamento para educar os não-iniciados. Em sua época, as pessoas aprendiam os conceitos básicos de uma escola de pensamento diretamente com um mestre, ao vivo. Os livros eram complementos. Eles eram concebidos para estudo depois que os conceitos básicos, as metáforas e as analogias haviam sido compreendidos. Por isso, é difícil para o leitor médio apreender com facilidade o texto de *A Arte da Guerra*. O propósito desta introdução é tratar desse problema específico.

Quase todos os conceitos da obra de Sun Tzu referem-se ao *sistema de cinco elementos* apresentado na primeira seção deste primeiro capítulo. Esses cinco elementos – a filosofia, o firmamento, o terreno, o líder e os métodos – fornecem a espinha dorsal de sua abordagem da competição. Todos os outros componentes desse sistema – logro, unidade, conhecimento e assim por diante – estabelecem relações lógicas e muito específicas com esses cinco elementos. A profundidade e a sofisticação do sistema são mais bem compreendidas se você dedicar algum tempo à exploração dessas relações antes de ler o texto.

Começando pelos cinco elementos, Sun Tzu ensinou que toda situação de competição depende da posição especial de um competidor dentro do ambiente competitivo mais amplo. A unidade de competição é aglutinada por aquilo que Sun Tzu denominou a sua filosofia. Os cinco elementos, portanto, são mapeados em três camadas, com o ambiente competitivo mais amplo do lado de fora, uma unidade competitiva dentro dele e a filosofia de competição fornecendo o cerne da unidade competitiva.

O foco no ambiente competitivo foi uma característica específica da obra de Sun Tzu, pelo menos até o surgimento de Darwin. Assim como ocorre com tantos conceitos básicos de Sun Tzu, descrito o ambiente como duas metades opostas, mas complementares, o *firmamento* (*céu*) e o *terreno* (*terra*). O firmamento e o terreno marcam juntos o tempo e o lugar em que a competição ocorre.

O *firmamento* representa o momento oportuno da competição, mas ele descreve com mais exatidão a mudança, freqüentemente traduzida como "clima" no texto original. É melhor pensar em firmamento como as tendências que mudam com o tempo. O clima e o ciclo das estações são os aspectos mais evidentes do céu cambiante no campo de batalha físico. No ambiente de negócios, as tendências econômicas e os ciclos de negócio desempenham exatamente o mesmo papel.

O *terreno* é, ao mesmo tempo, o lugar onde lutamos e aquilo por que lutamos. Ele é o território no qual ocorre a batalha competitiva. Em termos de negócios, podemos pensar no terreno como o mercado. Ao contrário do firmamento, que está totalmente fora do nosso controle, o aspecto mais importante do terreno é que escolhemos a posição que ocuparemos nele. Escolher posições, movimentar-se nelas e utilizá-las formam a base principal dos métodos competitivos de Sun Tzu.

Em seguida, dentro do ambiente competitivo mais amplo, fica o competidor ou a unidade competitiva. Essa é a camada do meio do modelo de Sun Tzu. A unidade competitiva é caracterizada pela sua posição dentro do ambiente de competição e pelas suas forças comparativas em relação às outras unidades que competem na mesma arena. Assim como o ambiente, a unidade competitiva é definida por suas duas metades: o *líder* e os *métodos*. O objetivo básico do texto de Sun Tzu é fornecer métodos para líderes.

O *líder* é a pessoa que encabeça a unidade competitiva e, o que é mais importante, a pessoa que toma as decisões. A liderança é o domínio do caráter e da ação individual. Um líder domina a estratégia de competição para tomar as decisões certas com rapidez.

Os *métodos* são as técnicas de organização. Embora os métodos de Sun Tzu possam ser utilizados por uma única pessoa, eles são, por definição, o domínio da ação em grupo. Os líderes tomam decisões como indivíduos, mas é o efeito dessas decisões sobre o grupo que torna a organização eficaz.

Unindo essas duas metades da unidade competitiva e subjazendo a elas, encontra-se a sua camada interior, a sua *filosofia*. A *filosofia* é a idéia específica em torno da qual se organiza uma unidade competitiva específica. Nos negócios, o nome que lhe damos é missão ou propósito da empresa. Uma filosofia central fornece unidade e foco a um competidor individual ou a uma unidade competitiva maior. Ela aglutina a organização competitiva e define o seu relacionamento com o mundo externo. Ela é um objetivo compartilhado. Como força unificadora, a filosofia não se divide em duas metades, mas deve tratar das divisões naturais dentro da unidade competitiva e do ambiente competitivo.

Esse *modelo de cinco elementos* forma a base para o entendimento dos demais conceitos e métodos de competição de Sun Tzu.

Por exemplo, quatro tipos diferentes de habilidades *ambientais* são mencionados muitas vezes em todo o texto. Essas habilidades são *conhecer, prever, movimentar-se e posicionar-se*. Elas são mais bem compreendidas como as relações entre as duas metades da unidade competitiva e as duas metades do ambiente competitivo.

Os líderes, como indivíduos, precisam das habilidades de *conhecer* e *prever*. Conhecer vem da compreensão do terreno competitivo. De muitas maneiras, esse é o ponto de partida de todas as outras habilidades. Ele é amplamente tratado no primeiro e no último capítulos. Conhecer leva a prever. *Prever* significa combinar o conhecimento do terreno com as observações do firmamento, isto é, das tendências no decorrer do tempo. Prever é especificamente a habilidade de detectar oportunidades antes que os outros o façam.

As habilidades metodológicas das organizações são *movimentar-se* e *posicionar-se*. *Movimentar-se*, especificamente, significa a habilidade de mudar de posição para obter vantagem com uma nova oportunidade. É o método de considerar o firmamento na utilização das oportunidades. Ele advém da previsão. O *posicionamento* flui naturalmente da movimentação.

Ele é o método de utilização da posição do terreno. O posicionamento é a base de todo o sucesso.

No sistema de Sun Tzu, essas quatro habilidades criam um círculo sem fim. Conhecer leva a prever. A previsão necessita de movimentação. A movimentação fornece o posicionamento. O posicionamento reforça o conhecimento. As habilidades de liderar, conhecer e prever são habilidades mentais. As habilidades metodológicas, movimentar-se e posicionar-se, são habilidades materiais. O ciclo também é um ciclo econômico, com a previsão e a movimentação representando a parte do custo do ciclo, e o posicionamento e o conhecimento, a parte de recompensa do ciclo.

Um fato interessante é que, no texto, Sun Tzu discute amplamente essas habilidades externas, mas nunca as enumera juntas. Uma possível razão é que, na cultura chinesa, a palavra "quatro" é considerada de mau agouro porque é um homônimo da palavra "morte". Assim, essas habilidades externas, ou são tratadas separadamente, ou são mencionadas juntas, em grupos de três. Nas últimas referências, duas habilidades são combinadas para formar a terceira. O conhecimento geralmente é combinado com o posicionamento como *atuação*.

As quatro habilidades externas também são freqüentemente mencionadas por meio de metáforas. O conhecimento é mencionado como um som. O trovão, a música e os tambores constituem metáforas para o conhecimento. A previsão é descrita como visão. Cores, raios e assim por diante são metáforas de previsão. A movimentação é a marcha. Marchar para uma nova posição é a quintessência da ação. O posicionamento é descrito de várias maneiras como coletar alimentos, construir, comer, cavar e assim por diante. O que tudo isso tem em comum é que, na língua chinesa, todas essas ações utilizam pictogramas que envolvem a mão humana e, portanto, são tarefas manuais.

Sun Tzu também descreve duas habilidades internas: *unir e enfocar*. Embora esses conceitos estejam separados na língua inglesa, na chinesa eles estão intimamente relacionados. No sistema de Sun Tzu, ambos surgem diretamente do elemento da filosofia e da relação que esse elemento estabelece com o líder e os seus métodos. *Unir* aglutina a organização. *Enfocar* concentra esforços numa única área. Ambos determinam a *força* competitiva. A *força* é especificamente definida pela unidade de uma força, e não pelo seu tamanho.

Quando você passa a entender essas habilidades internas e externas, as cinco formas-padrão de ataque de Sun Tzu ficam claras. Cada uma delas *surpresa, logro, batalha, cerco e divisão* – visa especificamente a uma habilidade oposta. A *surpresa* solapa o conhecimento. O *logro* prejudica a visão de um oponente. A *batalha* vai contra a movimentação de um oponente. O *cerco* tenta alterar uma posição. A *divisão* rompe a unidade e o foco. De muitas maneiras, essas relações definem melhor a natureza desses ataques do que os termos que utilizamos, que mal se aproximam dos conceitos que Sun Tzu desenvolveu na sua obra. Isso se vê melhor no caso do logro, que não se refere à mentira ou à desonestidade, mas a um ataque agressivo das expectativas que as pessoas têm do futuro, que está intimamente relacionado com um ataque enquanto os outros estão fazendo planos.

Também há uma categoria especial de ataque – o ataque ambiental – que é discutida no capítulo doze. Os ataques ambientais alavancam o ambiente contra a competição de maneiras específicas que acompanham as cinco formas básicas de ataque. Porém, o problema dessa categoria é que ela fica fora da competição normal porque ela não é um ataque "normal" à habilidade.

Para obter uma perspectiva do sistema de elementos, habilidades e ataques de Sun Tzu, você pode analisar o diagrama que precede esta introdução. Esse diagrama resume os métodos de Sun Tzu num mapa gráfico tradicional. Mapas como esse são normalmente usados em todas as ciências da China antiga. Compreende-se melhor os conceitos de Sun Tzu dentro do contexto das relações que ele estabelece no seu sistema completo.

Capítulo 1

Planejamento de Negócio

Embora Sun Tzu tenha denominado o seu primeiro capítulo 計, em chinês, que se traduz como "planejar" ou "fazer o planejamento", o seu significado se aproxima muito daquilo que chamaríamos análise da concorrência. Essa forma de planejamento de negócios, em geral, é negligenciada ou entendida de forma equivocada pelas pequenas empresas.

Na primeira seção do capítulo, Sun Tzu descreve os principais componentes que formam os sistemas de competição.

Na seção seguinte, ele descreve como comparar diretamente a sua situação competitiva com a dos seus concorrentes.

Ele enfatiza, na próxima seção, a necessidade de boas informações para a análise competitiva, especialmente de informações externas.

Na seção que se segue, a discussão vai do valor das informações para o valor do controle das informações, ou aquilo que Sun Tzu denomina a utilização do logro. Com "logro" ele não quer dizer desonestidade – ao contrário, a honestidade é uma das características necessárias a um líder. A sua idéia de logro combinaria muito melhor com a de controlar conscientemente as percepções das outras pessoas.

Na seção final do capítulo, Sun Tzu apresenta a idéia de que a análise da competição é uma arte quantitativa: um equilíbrio de prós e contras.

Todas essas idéias são tratadas com mais detalhes nos últimos capítulos, mas aqui ele fornece um panorama introdutório.

Planejamento de Negócio

1 Administrar uma pequena empresa é um desafio.
Isso requer toda sua habilidade de empreendedor.
Você é que define se sua empresa irá ou não sobreviver.
Seu modo de liderar é que define seu sucesso ou seu fracasso.
É necessário entender exatamente o que você está fazendo.

Há cinco fatores que determinam o sucesso de sua empresa.
Analise-os quando estiver planejando seu negócio.
Você deve saber qual é exatamente sua real situação.
1. Analise o objetivo de sua empresa.
2. Analise as tendências econômicas.
3. Analise seu mercado-alvo.
4. Analise suas habilidades.
5. Analise os procedimentos operacionais de sua empresa.

Seu planejamento de negócio começa com sua missão.
Você deve definir seu negócio de modo a satisfazer uma necessidade bem definida de seu cliente.
Sua empresa pode desapontar os clientes.
Ela pode dar uma vida melhor aos clientes.
Seus clientes nunca devem temer o perigo ou a desonestidade.

O próximo fator são as tendências econômicas.

O clima da empresa pode mudar de bom para ruim.

Sua empresa pode ter altos e baixos.

As tendências mudam com o tempo.

Em seguida, você deve analisar seu mercado-alvo.

Os clientes podem estar próximos ou distantes.

Pode ser fácil ou difícil entrar em contato com eles.

Eles podem ser clientes de grande ou pequeno porte.

Seu mercado-alvo é que define seu sucesso ou seu fracasso.

O próximo passo é analisar suas habilidades de empreendedor.

Você deve ser um visionário, um contador, um entusiasta, um vendedor e um administrador.

Finalmente, é preciso definir os procedimentos operacionais de sua empresa.

Você deve organizar o trabalho de modo que ele gere valor.

Seus procedimentos dependem de sua filosofia.

Você deve ser eficiente e eficaz.

Esses cinco fatores são importantes.

Preste muita atenção neles.

Suas escolhas é que determinam seu sucesso.

O fracasso é certo se você não der atenção suficiente a esses fatores.

2. Você precisa estudar e analisar cada fator de negócio.
Deve sempre questionar suas premissas.

Você deve se perguntar:
Qual o verdadeiro objetivo da minha empresa?
Tenho as habilidades necessárias para empreender?
Quando e onde posso criar valor adicional?
Como minha empresa deve ser organizada?
Como ela irá ganhar da concorrência?
Por que minha empresa é mais eficiente?
Meu preço e meus produtos são adequados?
Essa análise lhe dirá se sua empresa irá ou não dar certo.
Você deve se fazer essas perguntas constantemente.
Se você melhorar seu plano, sua empresa será um sucesso.
Atenha-se a ele.
A maior parte das pessoas não faz essa análise com o cuidado devido.
Elas acham que irão ter êxito porque trabalham com afinco.
É por isso que 80% das novas empresas fracassam.

3 Quando você faz o planejamento, é obrigado a ouvir as pessoas.
Quanto mais você sabe, melhor para sua empresa.
Busque a ajuda daqueles que conhecem seu setor.
Conheça a realidade de sua situação.
O planejamento revela oportunidades e concentra suas energias.

4 O sucesso da empresa exige uma coisa.
Você deve controlar a percepção das pessoas.

Quando você é novo no negócio, deve parecer experiente.
Se a empresa está parada, aparente estar ocupado.
Se você estiver ansioso, aparente calma.
Se estiver preocupado, mostre-se animado.

Se seus concorrentes têm uma boa idéia, faça parecer que é sua.
Quando os clientes estão em dúvida, ajude-os a tomar uma decisão.
Quando os concorrentes são bons, seja melhor.
Quando são fortes, procure outro negócio.
Se as decisões do cliente são emocionais, jogue com a emoção.
Se os concorrentes são fracos, faça-os se sentirem com excesso de confiança.
Se os concorrentes conseguem vender com facilidade, dificulte a vida deles.
Se os concorrentes tiverem parceiros, traga-os para seu lado.
Enfrente justamente os concorrentes que não estão esperando por isso.
Evite enfrentar a concorrência do jeito que ela espera.

Você irá encontrar uma oportunidade que lhe garanta lucratividade.
Nunca deixe essa oportunidade passar.

5 Antes de abrir uma empresa, você deve ter certeza de que irá ter lucro.
O lucro mede o valor diferenciado que você agrega a um produto.

Não desperdice seus esforços; evite fazer qualquer negócio que não seja lucrativo.

Seu trabalho pode agregar pouco valor ao produto.

Muitas fontes de lucro levam ao sucesso.

Poucas fontes de rentabilidade levam ao fracasso.

Como distinguir o que é rentável sem análise?

Saiba o valor que você agrega mensurando o lucro.

Através do planejamento, é possível prever se você irá ter sucesso ou fracassar.

Capítulo 2

Tendo Lucro com sua Empresa

Depois de apresentar os elementos-chave da competição, Sun Tzu enfoca as conseqüências econômicas da guerra. Ele não define a vitória como simplesmente vencer batalhas; define o sucesso especificamente em termos de fazer a vitória compensar. Esse enfoque econômico é uma das razões pelas quais essa estratégia funciona tão bem no atual mundo dos negócios. Neste capítulo, os pequenos empresários encontrarão os segredos de como tornar o negócio rentável e não apenas esperar que ele sobreviva.

Sun Tzu começa discutindo o custo debilitante da competição e o modo como o dinheiro é desperdiçado.

A breve seção a seguir descreve o custo total e a recompensa total da competição como imprevisíveis. Sun Tzu, portanto, aconselha a minimizar as despesas, reduzindo-as ao estritamente necessário.

Sun Tzu então comenta o efeito que a distância exerce no custo. Ele explica por que as organizações que são incapazes de controlar os custos estão condenadas ao fracasso.

Depois, ele mostra qual é sua estratégia para controlar os custos: todo empreendimento competitivo deve se pagar o mais direta e rapidamente possível. Ele denomina essa estratégia "alimentar-se do inimigo."

Na seção final do capítulo, Sun Tzu defende que a habilidade de controlar os custos é o segredo de uma empresa estável e que isso depende do conhecimento de seu líder.

Tendo Lucro com sua Empresa

1 Tudo depende do objetivo de sua empresa.

Para criar uma empresa, é preciso milhares de idéias.

Elas devem ser testadas constantemente.

A empresa requer um bom estoque de produtos.

Você precisa de muito capital.

Sua família e sua empresa ficarão sem dinheiro.

Uma pequena empresa consome dinheiro como um ladrão.

Consome seu tempo e sua energia.

Você precisa defender suas decisões.

As pessoas irão reclamar sobre o dinheiro que você gasta.

Sairá caro se você pensar em contratar muitas pessoas para começar sua empresa.

Os funcionários acabam comprometendo a rentabilidade da empresa.

Reações lentas são responsáveis por uma empresa sem agilidade, que não é rentável.

Enfrentar um concorrente consolidado no mercado é caro.

Se você levar muito tempo para ter lucro, irá esgotar os recursos e isso não é aconselhável.

Crie uma empresa lenta.

Você perderá dinheiro constantemente.

Isso esgotará suas energias.

Acabará com seu capital.

Sua empresa irá vacilar, e os concorrentes começarão a tirar os clientes de você.

Não importa o quanto você se considere inteligente.

É impossível prosseguir perdendo dinheiro.

Às vezes, você consegue ter lucro muito rapidamente.

No entanto, nenhuma boa empresa perde dinheiro por um longo período.

Ou você mantém uma empresa que perde dinheiro por muito tempo ou contenta sua família.

As duas coisas são impossíveis.

2 Você nunca tem todas as garantias contra o fracasso quando se trata de sua própria empresa.

Além disso, você nunca consegue tomar conhecimento de todas as oportunidades em seu negócio.

Tire o máximo de proveito dos investimentos que fez em sua empresa.

Não faça empréstimos com freqüência.

Não tenha um estoque muito grande.

Prefira investir em sua família.

Venda seus produtos.

Invista apenas nos itens absolutamente necessários.

3 Seus clientes não podem arcar com os altos custos de remessa e transporte.

Vender para clientes distantes custa caro.

Comprar matérias-primas que têm muita demanda também é caro.

Os altos custos iniciais tornam difícil satisfazer os clientes.

Os custos indiretos decorrentes da administração da empresa continuam lhe exaurindo.

Esses custos podem consumir todos os seus lucros facilmente.

Mesmo que você esteja vendendo, sua empresa não produz nada se não der lucro.

A baixa lucratividade é responsável pelo fracasso da maior parte das pequenas empresas.

Oitenta por cento delas fecham nos primeiros dois anos.

Você investe dinheiro que levou a vida inteira para economizar.

Se o negócio não der certo, você desperdiça seu investimento.

Seu estoque não vale mais nada.

Seus gastos com marketing e propaganda são desperdiçados.

O equipamento e os escritórios ficam abandonados.

O fracasso consome quase tudo que você acumulou ao longo da vida.

4 Por causa dos riscos, tenha certeza de que suas vendas sejam lucrativas.

Lucre um real hoje.

Ele vale vinte reais em relação ao potencial de amanhã.

Venda seus produtos mais rentáveis.

Eles valem vinte produtos que não lhe rendem nada.

Você tem de ser produtivo e indispensável.

Deve gerar mais valor para a empresa do que os gastos que precisam ser feitos.

Roube idéias e clientes rentáveis dos concorrentes.

Concentre seus esforços no negócio mais rentável.

Recompense seus primeiros clientes por terem escolhido você.

Faça propaganda e publicidade dos aspectos que lhe diferenciam da concorrência.

Combine diferentes produtos rentáveis para criar um novo tipo de negócio.

Mantenha sua empresa forte através dos lucros.

Isso é o que significa ganhar da concorrência e ao mesmo tempo se fortalecer.

5 Faça sua empresa se pagar.

Evite criar empresas caras, lentas.

É fundamental ter conhecimento de seu setor de atuação.

Isso determina sua habilidade de controlar a empresa.

Isso decide se ela terá valor ou colocará seu futuro em risco.

Capítulo 3

Estabelecendo um Foco

O tema central deste capítulo refere-se à unidade e ao foco, e ao efeito que ambos exercem na força relativa de uma organização. Para o pequeno empresário, a lição a ser aprendida neste capítulo é que seus esforços precisam de um foco realista.

Na primeira seção do capítulo, Sun Tzu diz que a unidade e o foco são necessários em todos os níveis de uma organização. O objetivo da unidade não é vencer batalhas, mas ter sucesso sem que haja batalha.

Sun Tzu então enumera as formas básicas de ataque em ordem decrescente de importância. O texto alerta contra a pior delas: cercar a posição forte do outro.

Na terceira seção, Sun Tzu sugere uma abordagem adicional do sucesso: travar batalhas pequenas, enfocadas, nas quais você detém claramente a vantagem. Ele explica como o poder relativo das forças competitivas determina a sua tática básica.

O texto então adverte contra as divisões políticas dentro de uma organização e o modo como essas divisões solapam a sua força competitiva.

Depois, Sun Tzu detalha as cinco áreas de conhecimento que determinam a sua capacidade de unir e concentrar suas forças. Ele termina com um alerta a respeito dos perigos que você correrá se calcular mal a força relativa da sua organização para enfrentar a competição.

Estabelecendo um Foco

1 Todos atuam segundo as regras da competição.
Uma empresa enfocada se sai bem.
Uma empresa sem foco fracassa.
Uma equipe unida vence.
Uma equipe dividida enfrenta dificuldades.
Um esforço concentrado surte efeito.
Um esforço disperso se perde.
Mercados-alvo bem definidos é que irão produzir resultados positivos.
É dispendioso atender um grupo heterogêneo de clientes.
Objetivos bem definidos é que irão produzir resultados positivos.
Objetivos confusos não irão levá-lo a lugar algum.
Quanto mais enfocado, mais fácil será resolver os problemas de sua empresa.
No entanto, a solução dos problemas por si só não cria uma empresa sólida.
Evite problemas e satisfaça seus clientes.
É esse o objetivo que uma empresa de sucesso deve atingir.

2 O melhor que se pode fazer é fechar negócios enquanto os outros ainda estão planejando.
Em seguida, é unir-se às parcerias existentes.
O próximo passo é melhorar uma operação competitiva.
O pior é concorrer diretamente com uma empresa já estabelecida.

O que acontece quando você ataca diretamente um concorrente já estabelecido no mercado?

Você pode tentar copiar o sistema dele, mas não fará isso.

Primeiro, você tem de copiar a organização.

Irá precisar de todos os equipamentos e sistemas dessa empresa.

Leva tempo para implementar sistemas e, mesmo assim, você não se sai bem.

Então, você tenta fazer tudo igual a seu concorrente.

Depois de se dispersar demais, você não tem lucro.

Fica frustrado e irritado.

Então, tenta fazer propaganda para atrair clientes.

Isso custa mais dinheiro.

Mesmo assim, sua empresa é incapaz de fazer progressos significativos.

Esse tipo de empresa iniciante é um fracasso.

3 Ao criar uma empresa, faça progressos constantes.

Deixe os clientes virem até você.

Você consegue isso começando como uma empresa pequena.

Tire os clientes de outras empresas.

Você consegue isso escolhendo um nicho onde atuar.

Você deve zelar pelos seus recursos.

Tenha lucro o quanto antes.

Você deve estar totalmente comprometido com o sucesso de sua empresa.

Todos os dias, concentre-se em desenvolver sua base de clientes.

Você pode encontrar boas oportunidades.

Para isso, você deve desenvolver um conceito de marketing.

As regras para uma empresa crescer são as seguintes:

Se você for dez vezes maior do que seus concorrentes, faça propaganda.

Se for cinco vezes maior, entre em contato diretamente com os clientes.

Se for duas vezes maior, divida o mercado.

Se sua empresa for igual à dos concorrentes, especialize-se.

Se ela for menor do que a dos concorrentes, defenda um pequeno segmento.

Se sua empresa for muito menor do que a dos concorrentes, descubra um pequeno nicho onde atuar.

As pequenas empresas não são poderosas.

No entanto, as grandes empresas não conseguem competir em nichos.

4 Você deve ser capaz de administrar suas finanças.
Elas devem lhe dar respaldo.

Cuide de sua empresa e ela será sólida do ponto de vista financeiro.

Caso contrário, sua empresa lhe enfraquecerá financeiramente.

Um gerenciamento ineficiente traz problemas financeiros para a empresa de três formas diferentes.

Não obstante as necessidades da empresa, os gerentes incompetentes gastam dinheiro sem parcimônia quando há recursos disponíveis.

Sem se importar com as necessidades da empresa, os gerentes incompetentes fazem retiradas de dinheiro porque querem.

Isso se chama deixar a empresa de pés e mãos atados.

Os gerentes incompetentes não entendem as necessidades da empresa.

Eles ainda acham que podem gastar o que quiserem.

Isso só contribui para trazer caos para a empresa.

Os gerentes incompetentes não entendem as prioridades financeiras de forma correta.

Eles gastam sem nenhuma parcimônia.

Isso torna o futuro da empresa incerto.

No início, todas as empresas são instáveis do ponto de vista financeiro.

Isso provoca falta de caixa no futuro.

A ausência de prioridades acaba com suas chances de sucesso.

5 Existem cinco pontos que você precisa saber para criar uma empresa.

O sucesso é conseqüência de saber o que precisa ser feito e o que pode ser deixado de lado.

Ele é fruto da maior eficiência tanto em pequenas quanto em grandes tarefas.

Depende do entendimento das necessidades de seus clientes.

É conseqüência de transformar os problemas em oportunidades.

O sucesso é decorrência de aprender a administrar e evitar problemas financeiros.

É imprescindível conhecer esses cinco aspectos.

Só assim você terá entendido os conceitos para criar uma empresa.

6 A experiência diz:

Saiba quais são suas habilidades e as de seus concorrentes.

Assim, você estará seguro.

Você pode saber quais são suas habilidades, mas desconhece as de seus concorrentes.

Nesse caso, para cada êxito você terá um fracasso.

Você pode desconhecer tanto as suas habilidades quanto as de seus concorrentes.

Nesse caso, você sofrerá apenas reveses.

Capítulo 4

Marketing

O conceito de posicionamento de Sun Tzu significa movimentar-se para obter uma nova posição apenas quando uma oportunidade se apresenta. Para uma pequena empresa, geralmente descrevemos o processo de conseguir novas posições no mercado como processo de marketing.

Sun Tzu começa explicando que você pode não fazer mais nada além de proteger a posição que ocupa; somente o próprio ambiente competitivo é que pode criar novas oportunidades para você.

O texto então explica que o seu sucesso depende, antes de mais nada, da sua habilidade de defender sua posição atual.

Em seguida, ele diz que, quando você vê uma oportunidade (antevisão), deve ser capaz de mover-se para a nova posição e também tirar vantagem dela quando chegar lá.

Então, Sun Tzu fornece uma fórmula simples para você calcular se pode ou não ter sucesso ao ocupar uma nova posição; isso se faz calculando-se o equilíbrio relativo das forças no lugar e no momento da batalha.

Na seção final, Sun Tzu comenta rapidamente a importância crítica do posicionamento para você obter o que quer das pessoas com quem trabalha.

Marketing

1 Aprenda com a história de empresas bem-sucedidas.
Em primeiro lugar, gere receitas.
Preste atenção no mercado para identificar oportunidades.
Você pode fazer mais do que apenas manter seus clientes longe da concorrência.
Os concorrentes devem deixar uma abertura no mercado para que você seja bem-sucedido.

Você precisa executar bem.
Deve impedir que a empresa perca os clientes.
Você não conseguirá ganhar novos clientes se não houver uma necessidade no mercado.

Preste atenção no seguinte:
Você precisa identificar seu nicho de mercado; é impossível criá-lo.

2 Nem sempre é possível encontrar um novo mercado.

Então, concentre-se nos seus clientes.

No final, você irá descobrir um mercado mais atrativo.

Então, procure novos clientes.

Evite mercados que, por serem muito grandes, você não conseguirá dominar.

Busque mercados cujo tamanho você pode dominar.

Você deve manter sua carteira de clientes.

Conserve seus recursos e firme posição.

Você deve fazer boas campanhas para conseguir novos clientes.

Procure entrar em um novo mercado quando tiver uma oportunidade clara.

Você deve conservar seus recursos de marketing até que identifique um mercado que possa conquistar.

3 Você pode identificar novos clientes que gostaria de conquistar.

No entanto, você não vê como entrar em contato com eles.

Isso mostra que suas possibilidades são limitadas.

Você pode conquistar novos clientes investindo muito dinheiro em marketing.

Isso também mostra que suas possibilidades são também limitadas.

Entre em novos mercados sem esforço.

Evite pôr em risco seus atuais clientes.

Espere a hora certa.

Não tente ser esperto demais.

É mais fácil identificar oportunidades se você ouvir.

Não imagine oportunidades onde você quer que elas existam.

Aprenda com a história das empresas bem-sucedidas.

O sucesso é reservado para aqueles que facilitam seu próprio trabalho.

Um bom cliente é aquele que você atrai sem gastar muito.

Não precisa ser um gênio para se tornar conhecido no mercado.

Não arrisque quando se trata de seu sucesso de empreendedor.

Você quer fechar novos negócios sem esforço.

Evite situações muito competitivas.

Faça negócio quando sabe que pode se sair bem.

Você se sairá bem se evitar tarefas difíceis.

Você deve fazer apenas campanhas de marketing com chances de sucesso.

Venda para mercados nos quais você sabe que irá se sair bem.

Nunca deixe passar uma oportunidade de conquistar clientes.

Desenvolva uma boa empresa primeiramente encontrando os clientes certos.

Somente então preocupe-se com as operações.

Encontre os clientes certos para sua empresa e, então, empenhe-se para satisfazê-los.

4 Você deve desenvolver sua empresa de forma criteriosa.
Analise os métodos da concorrência e proteja seu mercado.
É você que determina seu sucesso ou seu fracasso.

Esta é a arte de desenvolver um negócio:
1.   Analise os obstáculos.
2.   Analise seus recursos.
3.   Analise seu potencial de lucratividade.
4.   Analise seu comprometimento com o mercado.
5.   Analise suas chances de sucesso.

Os obstáculos dependem do mercado que você escolhe.
Eles determinam os recursos necessários.
Estes recursos determinam o potencial de lucratividade.
O potencial de lucratividade determina seu comprometimento com o
mercado.
Por sua vez, é seu comprometimento com o mercado que define seu
sucesso.

Criar uma empresa de sucesso é uma questão de cortejar os melhores
clientes e deixar os outros de lado.
O erro está em enfocar todos os clientes em vez de procurar os melhores.

5 O sucesso de uma empresa sempre depende das pessoas.
Você quer identificar os clientes que sempre consideram sua empresa
indispensável.
Isso depende de seu marketing.

Capítulo 5

Melhoria Contínua

O tópico central deste capítulo é a criatividade. Ao utilizar abordagens criativas com práticas-padrão, você cria aquilo que Sun Tzu denomina *momentum*. Com relação às pequenas empresas, o conceito de *momentum* de Sun Tzu significa melhoria contínua.

Sun Tzu começa explicando que a ação – a combinação de movimentação e posição – pode ser previsível ou surpreendente.

Na seção seguinte, ele explica que a previsibilidade e a surpresa, isto é, a inovação, dependem uma da outra. Há um número infinito de caminhos para a inovação. Ele utiliza as metáforas da música, da cor e do sabor para ilustrar isso. Essas metáforas dizem respeito ao conhecimento, à antevisão e ao posicionamento, respectivamente.

Sun Tzu então contrapõe as idéias de momentum e momento oportuno. O *momentum* significa criar pressão, enquanto o momento oportuno libera essa tensão no tempo certo.

A seguir o texto analisa a natureza caótica de todos os ambientes competitivos. Embora você não possa eliminar esse caos, pode controlá-lo planejando as suas surpresas ou inovações no momento certo.

Na seção final, a pressão do *momentum* é explicada em termos do efeito que ele provoca nas outras pessoas e na atitude delas.

Melhoria Contínua

1 Você controla uma empresa em crescimento da mesma forma que controla uma empresa de pequeno porte.

Apenas é preciso criar a organização certa.

Você conquista grandes mercados da mesma forma que conquista os pequenos.

É preciso uma identidade certa para a marca e de marketing.

Pode ser que você tenha de enfrentar grandes concorrentes.

Você pode enfrentar concorrentes maiores e nunca deve perder para eles.

É necessário usar métodos de negócio criativos e padronizados.

Juntos, eles aumentam seu *momentum* no mercado.

Desenvolva sua empresa de forma que surpreenda os concorrentes.

Entenda quais são seus próprios pontos fortes e fracos.

2 Isso acontece em todas as empresas.

Você utiliza práticas comprovadas para administrar a empresa.

Faz uso da inovação para ganhar da concorrência.

Use a inovação para fazer a empresa crescer.

Há um número infinito de melhorias que você pode fazer na empresa.

A inovação controla o fluxo de mudança da empresa.

As dificuldades de hoje são a inspiração de amanhã.
Use o tempo para melhorar continuamente suas operações.

Você pode cometer erros e ainda fazer progressos.
Leva tempo para que as inovações funcionem.

Existem apenas algumas mensagens básicas para vender produtos.
Mas você pode reagrupá-las de forma criativa.
Pode sempre atrair o interesse dos consumidores.

Há apenas alguns componentes básicos em um produto.
Mas você pode combiná-los de várias formas.
Sempre pode inventar novos tipos de produtos.

Há apenas alguns processos básicos de negócio.
Mas você pode combinar as etapas de diferentes formas.
É sempre possível encontrar um jeito melhor de fazer alguma coisa.

Você desenvolve um negócio através da melhoria contínua.
Melhoria significa usar a inovação com métodos comprovados.
Você pode combinar ambos para diferenciar sua empresa no mercado.
Não há limites quando se trata de obter lucros.

A inovação e os métodos comprovados são interdependentes.
Os padrões inspiram a criatividade, que inspira novos padrões.
Usando ambos, você pode melhorar continuamente sua empresa.

3 Pequenas mudanças devem acontecer rapidamente.
Elas podem resolver grandes problemas.
É isso que chamamos de melhoria contínua.

O cliente toma a decisão em um segundo.
Basta o contato de vendas para fechar o negócio.
Isso é agilidade.

Você deve investir apenas em um negócio rentável.
As melhorias que você fizer irão lhe conferir superioridade.
Sua agilidade deve tornar sua empresa rentável.

As melhorias aumentam a qualidade de sua empresa.
Sua agilidade gera os lucros necessários.

4 O mundo dos negócios é sempre complicado e confuso.
A concorrência é imprevisível.
Mas você deve criar procedimentos metódicos.

Em uma empresa, nunca as coisas andam bem o tempo todo.
As situações estão sempre mudando.
No entanto, você nunca deve perder os clientes.

Para um mundo de negócios confuso, é preciso organização.
A incerteza dos negócios exige segurança.
As necessidades dos clientes exigem sua habilidade.

Você deve controlar o que está desorganizado.
Isso depende de sua análise do negócio.
Sua empresa deve superar os problemas.
Isso depende da melhoria contínua.

Você tem pontos fortes e pontos fracos.
Eles são decorrência do marketing que você faz.

Você deve incentivar os clientes a criar oportunidades.

Faça marketing.

Os clientes devem ouvir o que você fala.

Ofereça-lhes mais valor.

O cliente deve aceitá-lo.

Você pode oferecer benefícios para atrair os clientes.

Pode usar suas atividades para convencê-los.

Você usa sua eficiência para manter seus clientes.

5 Você quer fechar negócios rentáveis.
Para isso, deve sempre se concentrar na melhoria contínua.

Não peça apenas para seus funcionários darem tudo de si.

Descubra um método para melhorar o modo como eles trabalham.

Você deve implementar melhorias.

Você consegue isso com seus funcionários à medida que trabalham juntos.

As atividades da empresa devem fluir com facilidade.

Os processos devem ser coesos para minimizar os esforços.

Facilite o trabalho dos funcionários e eles se sentirão mais seguros.

Torne os erros visíveis e eles serão capazes de evitá-los.

Estabeleça um objetivo e eles irão atingi-lo.

Faça-os trabalhar em equipe e eles irão fazer progressos.

Sua empresa ganha força através da melhoria.

O trabalho sai quase automaticamente quando tudo está organizado.

Invista sempre na melhoria contínua.

Capítulo 6

Problemas e Soluções

Os dois conceitos opostos e complementares que constituem o tema deste capítulo são difíceis de se traduzir. O primeiro significa fraqueza, mas também significa pobreza e vazio. O segundo significa força, mas também riqueza e plenitude. Juntos, eles descrevem o mecanismo através do qual você evita o conflito e transforma os problemas em soluções.

Sun Tzu começa a esclarecer essa idéia complexa explicando que um exército que chega a um campo de batalha vazio é naturalmente mais forte do que um exército que vai para uma área ocupada por outras forças.

Ele então desenvolve essa idéia, explicando que o deslocamento pelo terreno vazio é mais rápido e que tanto o ataque como a defesa são mais fáceis quando se está trabalhando contra o vazio ou a fraqueza.

Sun Tzu então explica a necessidade de um exército manter segredo ao deslocar-se para as áreas que não estão defendidas.

Ele sugere como se enfocam as forças contra as fraquezas nas formações de oposição mantendo-se os planos em segredo.

Em seguida, ele estende a discussão para fazer considerações sobre o modo como o sigilo cria oportunidades para se explorar a fraqueza.

Sun Tzu então resume a fraqueza e a força, aplicando esses conceitos ao planejamento, à ação, à posição e à batalha.

Na seção final, ele explica como uma boa estratégia significa seguir o caminho da menor resistência.

Problemas e Soluções

1 Você quer resolver os problemas antes que os clientes os identifiquem. Se você deixar os problemas prejudicarem os clientes, será difícil tornar uma pequena empresa bem-sucedida.

Você quer ter uma empresa rentável.
Modifique suas operações, mas não crie problemas.

Você pode fazer os clientes virem até você.
Atraia-os com ofertas diferenciadas.
Você pode impedir que a concorrência as copie.
Escolha uma oferta que seja perigosa para a concorrência.

Se o problema é confiança, deixe os clientes à vontade.
Se o problema é satisfação, atenda às necessidades dos clientes.
Se o problema é indiferença, motive seus clientes.

2 Deixe de lado os produtos e os serviços menos rentáveis gradualmente.

Conquiste os clientes antes dos concorrentes.

Você pode mudar sua empresa de forma significativa sem dificuldade.

Para tal, identifique problemas com os quais nenhuma empresa se preocupa.

Você pode resolver os problemas a que se dispõe.

Concentre-se onde as necessidades dos clientes não estão atendidas.

Mantenha os clientes rentáveis que você conquistou.

Atenda a todas as necessidades do cliente e não deixe espaço para a concorrência.

Seja inteligente ao oferecer soluções.

Procure os problemas que as outras empresas não conseguiram resolver.

Seja especialista em evitar problemas.

Ofereça soluções antes dos outros.

3 Seja sensível às necessidades dos clientes.

Vá até eles sem querer vender seu produto.

Não fique fazendo propaganda do que você está oferecendo.

Vá até os clientes disposto a ouvi-los.

Use sua habilidade para direcionar as suas decisões de compra.

Proponha soluções para os problemas dos clientes.

Resolva as reclamações de forma direta.

Ofereça produtos que os concorrentes não possuem.

Seja ágil para que os concorrentes não possam copiá-lo.

Escolha aqueles problemas dos clientes com os quais você sabe que pode lidar melhor.

Seus concorrentes podem conseguir defender suas posições.

Você não consegue vencer os concorrentes combatendo-os diretamente.

Em vez disso, descubra as necessidades dos clientes que a concorrência negligenciou.

Evite o tipo de venda que você não quer.

Você pode recusar fazer determinados negócios e ainda assim conquistar clientes.

Não permita que os concorrentes consigam os negócios que você realmente quer fechar.

Especialize-se de tal forma que eles não consigam concorrer com você.

4 Saiba o que os concorrentes fazem bem antes de abrir sua empresa. Enfoque sua empresa nas lacunas dos concorrentes.

Quando há foco, você economiza energia.

Quando os concorrentes dispersam a atenção para muitos pontos, eles criam necessidades.

Você deve concentrar seus esforços em necessidades não atendidas.

Você pode concentrar mais recursos em sua área de especialização.

É possível fazer um trabalho melhor do que seus concorrentes com facilidade.

Depois disso, concentre-se no próximo grupo de concorrentes.

Ataque um problema do cliente de cada vez.

5 Você não deve permitir que os concorrentes saibam qual é seu foco. Seu objetivo é deixar os concorrentes mal informados.

Incentive os concorrentes a vender uma grande variedade de produtos.

Eles devem se dispersar.

Então, você pode escolher onde quer se especializar.

As ofertas dos concorrentes serão fracas.

Se os concorrentes são especialistas em preço, sacrificam a qualidade.

Se são especialistas em qualidade, o preço deles é vulnerável.

Se são especialistas em rapidez, perdem em perfeição.

Se são especialistas em perfeição, perdem em rapidez.

Como não se concentram naquilo em que sua empresa é especialista, deixam uma porta aberta para você.

Se tentam de tudo, deixam muitas portas abertas.

Todos os clientes têm necessidades não atendidas.

Crie sua empresa para atender a essas necessidades.

Os concorrentes oferecem soluções específicas.

Eles não conseguem satisfazer todo tipo de cliente.

6 Você precisa entender os problemas que está tentando resolver.
Precisa saber o quanto eles são importantes.

Mesmo se uma solução for cara, ainda assim você pode ter lucro.

Seus concorrentes não devem entender o problema.

Não devem saber como resolvê-lo.

Se os concorrentes têm um alcance global, você atua no mercado local.

Se eles oferecem produtos populares, você pode oferecer produtos diferenciados.

Se eles comercializam grandes volumes, faça o oposto.

Se eles oferecem termos-padrão, crie termos especiais.

Eles irão constantemente negligenciar seu cliente.

Qual o negócio desconhecido que é fácil?

Você controla quanta concorrência você tem.

Os concorrentes podem ser maiores, mas sua empresa é diferenciada.

Como o tamanho da empresa dos concorrentes pode lhe prejudicar?

Nosso conselho é:
Você deve fazer sua empresa se sair bem.

Os concorrentes podem ser maiores do que você.
Ainda assim, é possível controlá-los evitando comparações.

7 Quando você cria um plano de negócio, conhece seus pontos fortes
e fracos.
Quando você administra sua empresa, sabe o que é e o que não é
necessário.
Quando você escolhe os clientes, sabe quais pessoas estão satisfeitas e
quais têm necessidades.
Quando você compete no mercado, sabe onde você leva vantagem e onde
é superado.

Tenha ofertas diferenciadas para atrair os clientes.
Não entre em um negócio para copiar o que outras empresas
estão fazendo.
Não imite seus concorrentes.
Dessa forma, os clientes mais satisfeitos não poderão descartá-lo.
Os concorrentes mais fortes não irão saber como derrotá-lo.
Apenas procure clientes que você possa atender melhor do que qualquer
outra empresa.
Atue onde seus concorrentes não têm conhecimento.
Eles devem apenas saber que sua empresa existe quando você já tiver
roubado seus clientes.
Eles não devem saber como melhorar seu produto ou serviço.
Certifique-se de que os concorrentes não possam roubar os clientes
de volta.
Se eles tentarem superá-lo, copie cada movimento que eles fizerem.

8 Você deve ser flexível na administração de sua empresa.

Sua empresa pode funcionar de várias formas.

Comece onde você pode ganhar dinheiro e depois amplie seu negócio.

Sua empresa pode assumir qualquer forma.

Você deve evitar os concorrentes e atender às necessidades das pessoas.

As vendas é que devem definir como será sua empresa e ditar a direção que ela irá tomar.

Você identifica os clientes, e eles é que irão direcionar suas ações.

Evite planos de negócios rígidos.

Boas idéias não assumem uma única forma.

Acompanhe a mudança e a evolução do modo de pensar de seus clientes e você será bem-sucedido.

Isso se chama ser a sombra do cliente.

Empresas diferentes precisam de métodos distintos para ser bem-sucedidas.

Momentos diferentes exigem uma abordagem de negócio flexível.

Você deve sempre agir rapidamente.

Um único momento pode determinar seu sucesso ou seu fracasso.

Capítulo 7

Fazendo Vendas

Neste capítulo, Sun Tzu alerta-nos sobre o perigo de entrar em confronto direto sem uma vantagem decisiva. Na parte final do capítulo, ele cita as técnicas para vencer uma batalha. Para o pequeno empresário, o capítulo resume como lidar com a questão do delicado confronto durante um contato de venda.

Sun Tzu começa explicando os perigos de uma batalha e o fato de que ela não pode ser empreendida sem o devido cuidado.

Em seguida, ele explica os reveses que você pode sofrer quando vai para uma batalha sem preparação adequada.

Na terceira seção do capítulo, enfatiza novamente a necessidade do logro, isto é, de controlar a percepção das outras pessoas durante o confronto.

Sun Tzu discute, na quarta seção, a necessidade de métodos mais eficientes de comunicação nessas situações. A boa comunicação é o grande segredo para vencer todas as batalhas.

O próximo tópico abordado é o momento certo de fazer contato com o inimigo para controlar a situação.

Na parte final, Sun Tzu enumera algumas regras, poucas, mas fundamentais, para não se cometer erros durante o contato com o inimigo.

Fazendo Vendas

1 Todos usam seu bom senso nos negócios.
Você se inspira no mercado.
Você reúne seus recursos.
Organiza as operações e começa a atuar no mercado.
Então, deve evitar erros na hora de fazer o contato de vendas.

Esse contato não é fácil para ninguém.
Você não consegue prever que rumo ele irá tomar.
Espere problemas pela frente e transforme-os em oportunidades.

Você precisa ter planos para trabalhar muito e fazer vendas.
Busque atrair os clientes com benefícios.

Quando você deixa de fazer uma venda, precisa saber como se recuperar disso.
Quando você está à frente do cliente, deve desacelerar o passo.
Deve ter um plano tanto para os clientes que fazem objeções quanto para os clientes que concordam com tudo.

Você próprio pode fazer esse contato dar certo.
Todo contato com o cliente é difícil por natureza.

2 Você pode discutir com as pessoas sobre por que elas devem comprar. Então, perde os clientes.

Você pode apressar a venda, apregoando as virtudes de seu produto. Então, não consegue conhecer seu cliente.

Você pode tentar pressionar o cliente a tomar uma decisão rápida.
Pode pressioná-lo para que compre.
Pode tentar vários argumentos ao mesmo tempo.
Pode passar o tempo todo elogiando o produto.
Mesmo assim, o cliente ainda pode rejeitar seu produto e sua abordagem.
No começo, você acha que está conseguindo fazer a venda.
Aí percebe que o cliente passa a ignorá-lo.
Apenas parte de seu esforço surte efeito.

Você pode tentar fazer menos pressão durante o processo de venda.
Mesmo assim, não consegue fazer as vendas necessárias.
Você perde parte de seu tempo.
Você pode fazer pressão quando uma venda já está praticamente feita.

Pode conseguir fazer duas em cada três vendas.

Você pode tentar eliminar etapas necessárias no processo de venda, mas isso lhe custará caro.
Sem as informações necessárias, não consegue vender.
Sem criar o ambiente propício, não consegue vender.

No início, você deve dizer o mínimo necessário sobre o que está vendendo.

Reúna-se com as pessoas e converse com elas.

Conheça suas necessidades.

Saiba quais os problemas que as afligem.

Evite entrar em muitos detalhes técnicos.

Esteja bem informado para fazer a venda.

Baseie-se no entendimento que você tem do cliente.

Tire vantagem do modo de pensar de seu cliente.

3 Você não deve mostrar que quer fazer a venda.

Se o cliente não coloca objeções, você consegue avançar.

Você descobre e entende quais os problemas do cliente e tira proveito da situação.

Para vender, você precisa ser rápido.

Deve ser direto e determinado.

Deve ter coragem e ser ambicioso.

Deve ser calmo e paciente.

Não deve revelar seus objetivos.

Deve ser arrojado o suficiente para pedir que ele feche negócio.

Priorize suas atividades quando estiver fazendo uma venda.

Quando surgir uma oportunidade de venda, chegue a um acordo.

Não pense; simplesmente aja.

Encontre outras formas de explicar como ajudar os clientes a ficarem satisfeitos.

É assim que você terá sucesso quando fizer contato com um cliente.

4 A experiência em vendas nos ensina:
"Palavras não são suficientes.

Use quadros e gráficos.

Demonstrar não é suficiente.

Faça uma apresentação que impressione e prenda a atenção das pessoas."

Use quadros, material de apoio e seja um showman para prender a atenção de todos.

Certifique-se de que as pessoas têm tempo e disposição para ouvi-lo.

Sua apresentação deve ser coesa.

Não mostre idéias inovadoras soltas.

Relacione-as a idéias familiares, conhecidas.

Cada palavra deve carregar uma mensagem única e clara.

Quando você é desconhecido, crie um clima de entusiasmo e interesse.

Se é mais conhecido, ainda assim tem de manter o interesse das pessoas.

Você deve assumir uma posição que todos entendam e aprovem.

5 Você precisa captar a atenção de cada cliente.
Para vender, é preciso usar a emoção.

No início, a resistência do cliente é maior.

Ela se dispersa aos poucos.

No final do processo de venda, os clientes querem ir para casa.

Use seu tempo de forma inteligente.

Evite a resistência do cliente.

Feche o negócio quando a resistência diminuir e os clientes estiverem com vontade de ir para casa.

É assim que você usa a energia deles.

Mantenha-se organizado quando o cliente estiver confuso.

Fique calmo quando ele estiver desabafando.

É assim que você controla suas emoções.

Esclareça seu ponto de vista e espere a reação dos outros.

Mantenha-se receptivo enquanto quebra a resistência do cliente.

Você irá se sair bem se atender às necessidades dos clientes.

É assim que se usa a persuasão.

6 Não crie uma resistência consciente.

Não vá contra opiniões arraigadas.

É assim que você domina a adaptação.

Você deve seguir determinadas regras para aumentar as vendas.

Não se oponha a opiniões resistentes.

Não vá contra um argumento com base em falta de alternativas.

Não aceite aqueles que apenas fingem concordar.

Não bata de frente contra argumentos mais fortes.

Não acredite em tudo que o cliente diz.

Não discuta com um cliente que concorda com você.

Dê ao cliente uma alternativa aceitável.

Não pressione demais o cliente para tomar uma decisão.

Essas são as regras de vendas.

Capítulo 8

Adaptando-se ao Cliente

O tema deste capítulo é a necessidade de se mudar de planos constantemente, de acordo com a situação. Na visão de Sun Tzu, estratégias eficazes devem ser dinâmicas. Isso vale principalmente para as pequenas empresas, pois os homens de negócios devem constantemente ajustar-se às necessidades dos clientes, em constante mudança.

Na primeira seção do capítulo, Sun Tzu enumera situações (analisadas com mais detalhes em vários outros capítulos) que mostram a necessidade de se mudar os planos constantemente.

Na seção seguinte, que é bastante curta, ele argumenta que você deve ser criativo e adaptar constantemente seus métodos, mantendo a consistência em termos de resultados.

Na terceira seção, que também é bastante curta, ele explica que você pode usar a dinâmica das situações de competição para controlar o comportamento de seus adversários.

Em seguida, Sun Tzu comenta a necessidade de se levar em conta a imprevisibilidade dos adversários quando você planeja como defender sua posição.

Por fim, ele enumera as cinco fraquezas de um líder e explica como elas podem ser facilmente exploradas na dinâmica da competição.

Adaptando-se ao Cliente

1 Todos usam seu bom senso nos negócios.

Você se inspira no mercado.

Você reúne seus recursos.

Quando a empresa vai devagar, não deve ficar parado, sem fazer nada.

Quando precisa de ajuda, deve procurar parceiros.

Quando os clientes o rejeitam, não deve desistir.

Quando você é superado, precisa ser criativo.

Em uma situação de vida ou morte, deve lutar.

Existem produtos e serviços que você não deve vender.

Há clientes que são indesejáveis.

Há concorrentes que você não pode desafiar.

Há erros que você não deve defender.

Há momentos em que se deve ignorar os procedimentos operacionais padronizados.

Você deve dominar a arte da adaptação de seus métodos para fazer uma venda.

Adaptar-se aos clientes é fundamental para o sucesso do negócio.

Alguns empresários não são capazes de mudar suas ofertas para satisfazer o cliente.

Eles até podem saber o que o cliente quer.

Mas não conseguem desenvolver o produto desejado pelo cliente.

Alguns empresários não sabem como adaptar seus métodos comerciais. Eles sabem o que seus clientes querem.

No entanto, são incapazes de mudar e oferecer o que o cliente precisa.

2 Você deve ser criativo ao oferecer seus produtos.

Há pontos fortes e fracos em cada oferta.

Você pode oferecer diferentes produtos em momentos distintos e ainda conseguir fazer vendas de forma constante.

Cada situação apresenta seus próprios problemas, mas sempre é possível encontrar uma boa solução.

3 Os clientes escolhem um produto porque vêem falhas nos produtos dos concorrentes.

Você atrai seus clientes atraindo sua atenção para seus produtos.

Você pode melhorar o ritmo de suas vendas dando aos clientes uma razão para comprar imediatamente.

4 Você deve usar seus recursos com critério.

Não espere conseguir fazer qualquer venda com facilidade.

Ao contrário, prepare-se para encontrar resistência.

Não espere que os concorrentes não atacarão sua empresa.

Ao contrário, posicione sua empresa para que os outros não a ataquem facilmente.

5 As pessoas que administram seu próprio negócio podem ter cinco falhas de caráter.

Se elas estão dispostas a perder a venda, irão perder a venda.

Se lhes falta coragem, elas dão os produtos de graça.

Se têm um temperamento explosivo, podem ser provocadas.

Se são sensíveis à rejeição, não conseguem pedir para o cliente comprar.

Se são suscetíveis à crítica, podem ignorar os problemas.

Se apreciam seus métodos, não irão melhorá-los.

Em qualquer situação, procure identificar esses cinco pontos fracos.

São pontos fracos que os pequenos empresários têm em comum.

Eles podem ser responsáveis pelo seu fracasso.

Esses pontos fracos podem destruir você e sua empresa.

Você deve saber como explorar esses pontos fracos na concorrência.

Deve estar sempre consciente deles.

Capítulo 9

Fazendo sua Empresa Crescer

Este longo capítulo trata dos desafios que se enfrenta quando se põe uma organização em movimento rumo a um novo território de competição. Grande parte do capítulo é dedicada à interpretação correta dos sinais do ambiente. Para um pequeno empresário, este capítulo é um guia para levar a empresa a novos mercados.

Na primeira seção, Sun Tzu descreve os quatro diferentes tipos de território e a movimentação em cada um deles.

Em seguida, faz um breve comentário a respeito da necessidade de se controlar os terrenos altos em qualquer tipo de situação.

Na terceira seção, ele nos alerta sobre os perigos sazonais e ocultos decorrentes da exploração de um novo território.

Na seção seguinte, ele explica vários sinais do ambiente e como interpretá-los.

Na quinta seção, que é bem longa, Sun Tzu explica detalhadamente como se pode entender as condições e intenções dos adversários, interpretando o seu comportamento.

Sun Tzu termina o capítulo descrevendo como saber quando já se chegou ao limite em uma arena de competição e como se reagrupar.

Fazendo sua Empresa Crescer

1 Em todo negócio, você deve atender os clientes.
Evite assumir compromissos dispendiosos e faça pequenas melhorias.
Mantenha sua empresa visível e acessível.
Para resolver os problemas, nunca invista apenas dinheiro neles.
É assim que você faz sua empresa crescer em situações dispendiosas.

Quando uma nova tecnologia limita sua empresa, evite-a.
Deixe que seus concorrentes invistam nela e use o tempo contra eles.
Não queira disputar com eles quando se trata da última palavra em tecnologia.
Espere que a tecnologia esteja consagrada e, então, aproveite o preço mais baixo.

Você precisa ser produtivo.
Isso não será possível se ficar brigando com a tecnologia em vez de atender seus clientes.
Use a tecnologia para viabilizar seus processos.
Nunca resista às tendências tecnológicas.
Alavanque as tendências quando implementar a tecnologia.

Você pode ter de implementar soluções de curto prazo.

Use-as apenas no momento necessário e não a longo prazo.

Você terá problemas com soluções a curto prazo.

Quando isso acontecer, não mude o que está funcionando.

Busque uma solução consistente, de longo prazo.

É assim que você faz seu empresa crescer a curto prazo.

Quando as condições estiverem estáveis, identifique o que precisa ser melhorado.

Invista em propaganda e na infra-estrutura da empresa.

Identifique os problemas e mantenha o que estiver funcionando.

É assim que você faz sua empresa crescer em condições estáveis.

Você pode fazer sua empresa crescer em qualquer situação.

Aprenda com os empresários bem-sucedidos que conseguiram desenvolver suas empresas constantemente.

2 As empresas ficam mais fortes quando têm caixa e mais vulneráveis se estiverem descapitalizadas.

É melhor ter uma boa reserva de caixa do que um superávit orçamentário projetado.

Zele pela saúde financeira de sua empresa mantendo-a com bom nível de caixa.

Sua empresa estará livre das pressões das dívidas.

Faça isso corretamente e você irá se sair bem.

Às vezes, você deve pedir empréstimos.

Não exagere e faça um controle do montante que está devendo.

Use o dinheiro para desenvolver seu negócio.

Isso irá criar oportunidades para sua empresa.

Se você tem dinheiro em caixa, isso sempre fortalece sua posição.

3 Pare de investir em sistemas quando a tecnologia está mudando.
Você pode querer usar uma tecnologia em evolução.
Espere até que a tecnologia se estabilize.

Todas as pequenas empresas têm limites que restringem o que elas
podem fazer no mercado.
Há limitações de recursos.
Há limitações quanto a despesas.
Há limitações quanto a informações.
Há limitações de caráter legal.
Há limitações com relação à amplitude de controle.
Não teste essas limitações.
Não se aproxime dos limites de sua empresa.
Deixe bastante espaço para ela crescer.
Atenha-se apenas a seus problemas.
Fique de olho em seus problemas.

Faça os recursos limitados renderem eliminando os problemas.
Os problemas podem estar em lugares que você nem imagina.
Cuidado com as máquinas e a tecnologia ultrapassadas.
Cuidados com linhas de produtos que crescem rápido.
Cuidado com grandes clientes e fornecedores.
Procedimentos complicados podem esconder problemas.
Você deve analisar detalhadamente sua empresa.
Você não quer ser pego de surpresa.

4 Alguns problemas acontecem com tanta freqüência que já
são esperados.
Você deve perceber que esses problemas estão profundamente arraigados
na empresa.
Outros problemas acontecem excepcionalmente, mas tomam seu tempo.
Não deixe que eles desviem sua atenção de questões mais importantes.

Às vezes, a causa do problema parece mudar.
Resolver o problema de uma vez por todas se transforma em uma oportunidade.

Procedimentos estabelecidos podem ficar menos eficientes.
Pode contar que ocorreu uma mudança no mercado.
É difícil medir a produtividade em algumas áreas.
Desconfie disso.

Os clientes abandonam sua empresa.
Procure falhas não aparentes na empresa que estejam afastando os clientes.
Alguns funcionários pedem demissão.
Pode contar que os problemas que eles esconderam irão aparecer.
Fique de olho nos custos.
Eles podem aumentar em determinada área rapidamente.
Isso significa que irá acontecer uma mudança repentina.
Os custos podem afetar uma grande área.
Isso significa que seu setor está se tornando mais competitivo.
Os custos podem estar aumentando em toda a empresa.
Isso significa que você está ficando muito descuidado.
O aumento dos custos pode ser discreto e, em seguida, diminuir.
Isso significa que seus problemas estão sob controle.

5 Um problema pode parecer insignificante, mas persiste.
Ele ficará mais sério.

Você se preocupa com um possível problema e se prepara para enfrentá-lo.
Ele será de pouca monta.

Mudanças repentinas na empresa agravam os problemas já existentes.
Você deve enfrentar esses problemas.

Alguns problemas corriqueiros parecem perder um pouco de sua força,
mas não desaparecem totalmente.
Eles voltarão a se manifestar.

Parece que alguns problemas são resolvidos com facilidade, mas reaparecem mais tarde.
Você precisa se empenhar mais para resolvê-los.

Não resolva problemas apenas para criar outros.
Isso é uma armadilha.

Há soluções que não podem ser implementadas.
Há limites com relação aos recursos.

Você usa a tecnologia apenas para atender às suas necessidades pessoais.
Você não tem visão.

Há uma oportunidade, mas você não a aproveita.
Você está sobrecarregado.

Começam a surgir novos clientes.
Isso significa que os concorrentes os estão abandonando.

Você tem problemas para dormir à noite.
É porque tem com que se preocupar.

Seus funcionários são indisciplinados.
Eles não o levam a sério.

Seus concorrentes estão dando nomes diferentes às suas operações.
A empresa deles está ruindo.

Os funcionários que trabalham em seus concorrentes estão irritados.
Eles estão sobrecarregados.

Seus concorrentes começam a vender seus ativos.
Suas empresas não são rentáveis.

Seus concorrentes não organizam as coisas.
Eles estão pressionados.

Os funcionários de sua empresa parecem sinceros e simpáticos.
No entanto, não conseguem se comunicar com você.
Eles não o vêem como parte do time.

Sua empresa precisa oferecer incentivos para conseguir que o trabalho
seja feito.
Ela está com problemas.
Sua empresa precisa constantemente disciplinar os funcionários.
Seus funcionários estão esgotados.

Um concorrente primeiramente ataca você e, então, logo tenta ficar seu amigo.

Está esperando para aprender mais.

Um concorrente sugere um acordo para se chegar a um meio termo.

Ele simplesmente está ganhando tempo.

Um concorrente parece querer roubar seus negócios.

Ele parece interessado, mas não vai atrás de seus clientes.

No entanto, ele permanece no mercado.

Tome cuidado com ele.

6 Quando você já tiver ultrapassado seus limites, deve contratar mais pessoas.

Nesse momento, não tente desenvolver seu negócio.

Você deve organizar suas operações.

Deve treinar as pessoas que contratou.

Faça as contratações e seja paciente.

Você deve planejar com critério e trabalhar constantemente para se adaptar às necessidades de seus clientes.

Você deve ampliar sua empresa.

7 Você pode depender de funcionários novos e destreinados se lhes disser exatamente o que fazer.

Caso contrário, eles vão ficar confusos.

Se eles ficarem confusos, não conseguirão ser produtivos.

A situação é diferente quando se trata de funcionários experientes e que já provaram sua capacidade.

Deixe que eles vejam por si só quais necessidades devem ser atendidas.

Se não forem capazes disso, não são bons funcionários.

Você deve liderar seus funcionários inspirando-os.

Você irá conseguir uni-los através do sucesso que eles alcançarem.

Eles devem acreditar em você.

Dê instruções claras para seus funcionários por meio de treinamento.

Dessa forma, eles farão o que é necessário.

Se os procedimentos forem difíceis de entender, será impossível treinar seus funcionários.

Eles cometerão muitos erros.

Seus procedimentos devem ser claros.

Você precisa entender como os grupos de pessoas funcionam.

Capítulo 10

地形

Relacionamento com o Cliente

Este capítulo analisa as seis características, chamadas posições no campo, que podem ser usadas para avaliar suas posições, principalmente quando você quer se deslocar de uma para outra. Essas características ajudam o empreendedor de uma pequena empresa a analisar os tipos de relacionamento que pode ter com os clientes e outros em que deve se empenhar para estabelecer.

Sun Tzu começa com uma descrição detalhada dos seis tipos de posição no campo e de como utilizá-los.

Depois, enumera as seis falhas nas organizações e o modo de diagnosticá-las. Embora o texto não explique, cada uma das seis falhas surge e se intensifica segundo a posição no campo específica que corresponde à ordem em que é enumerada.

Em seguida, Sun Tzu analisa os pontos que você deve considerar ao mudar de uma posição temporária para outra.

Na seção seguinte, ele fala sobre a forma correta de liderar seu pessoal em novas situações.

Por último, Sun Tzu discute a necessidade de comparar sua posição relativa no campo com a de seus adversários antes de optar por um curso de ação.

Relacionamento com o Cliente

1 Alguns clientes são acessíveis.
Outros são seletivos.
Alguns podem ser conquistados.
Alguns não mudam de idéia.
Outros são inflexíveis.
Alguns são rentáveis.

Alguns clientes compram facilmente de sua empresa.
Mas também vão comprar facilmente dos concorrentes.
São clientes acessíveis.
Esses clientes são abertos a novas idéias.
Seja o primeiro a entender as necessidades desses clientes.
Acompanhe-os de perto e posicione sua empresa claramente.
Com esses clientes, é essencial mostrar liderança.

Alguns clientes lhe dão uma oportunidade de ganhar sua conta.
Caso fracasse, você não poderá voltar à carga novamente.
Esses clientes são seletivos.
Eles lhe dão uma única chance.
Espere e identifique um cliente que precisa de sua ajuda.
Então, você pode procurá-lo e ganhar sua conta.
Evite vender para esses clientes se você não tiver uma vantagem.
Suas tentativas podem não dar certo.
Como você não pode voltar atrás, estará perdendo sua única chance.
Você não consegue ter controle sobre esses clientes.

Alguns clientes compram das empresas que são mais persistentes.
Nem você nem seu concorrente conseguem sair sem perder.
São clientes que podem ser conquistados.
Saiba quando os clientes podem ser conquistados.
Você deve permanecer ao lado deles.
Se os concorrentes parecem desistir, fique ao lado do cliente.
Você deve fazer seus concorrentes perderem a paciência.
Esse é o tipo de cliente que você quer.
Alguns clientes não mudam de idéia.

Você deve ser o primeiro a interessá-los.
Conquiste esses clientes e, então, não precisará se preocupar com a concorrência.
Seus concorrentes podem conseguir o interesse desses clientes primeiro.
Se isso acontecer, não perca seu tempo.
Mas se os concorrentes falharem, vá em frente.

Alguns clientes são inflexíveis.

Você deve apelar para suas preferências antes que os concorrentes o façam.

Atraia a atenção deles e, então, sugira que comparem seus produtos com os da concorrência.

Às vezes, pode parecer que seus concorrentes conquistaram os clientes primeiro.

Se for o caso, veja se consegue atraí-los.

Mas nunca vá atrás deles.

Alguns clientes não são rentáveis.

Você até pode tirar a conta deles da concorrência.

Mas estará perdendo seu tempo.

Mesmo se eles comprarem, você não irá lucrar com eles.

Há seis tipos de clientes.

Cada tipo de cliente tem suas próprias regras.

Você deve conhecer seus clientes.

Nunca deixe de fazer perguntas para conhecê-los melhor.

2 Há pequenas empresas que podem ser facilmente sobrepujadas. Algumas são muito lentas.

Outras seguem aos trancos e barrancos.

Algumas desmoronam.

Outras são desorganizadas.

E algumas vão à falência.

Você deve evitar essas seis armadilhas.

Esses pontos fracos aparecem em pequenas empresas boas e ruins.

São pontos fracos do dono da empresa.

Sua empresa pode ser igual à da concorrência.
Mas você permite que os concorrentes roubem seus clientes.
Isso significa que sua empresa pode ser sobrepujada pela concorrência.

Suas idéias são boas, mas você não age com rapidez.
Sua empresa ficará para trás.

Você trabalha muito, mas suas idéias não são criativas.
Seu negócio seguirá aos trancos e barrancos.

Você tem gerentes que são emocionais e independentes.
Eles fazem o que querem na empresa.
Você não sabe o que está acontecendo.
Sua empresa irá desmoronar.

Você pode ser indolente e desleixado.
Você não consegue deixar suas prioridades claras.
Suas ações não têm foco.
Seu tempo não é bem empregado.
Sua empresa está desorganizada.

Como dono da empresa, é possível que você não consiga prever as
vendas.
Você investe dinheiro em idéias que não geram vendas.
Vende produtos que não dão lucro ao invés de produtos rentáveis.
Falha na escolha dos clientes certos.
Sua empresa, em última análise, irá à falência.

Você precisa entender os seis possíveis pontos fracos de uma empresa.
Deve entender a mentalidade que leva ao fracasso.
Quando os clientes vêm até você, é preciso saber o que fazer.
Você deve analisar cada um deles cuidadosamente.

3 Você deve administrar a imagem de sua empresa.
Isso sempre fortalece sua empresa.

Você deve imaginar como chamar mais a atenção do que a concorrência.
Precisa analisar os problemas e necessidades dos clientes.
Essa é a melhor forma de administrar uma pequena empresa.

Você precisa entender esses aspectos quando administra uma empresa.
Se você conseguir fazer isso, sua empresa sempre se sairá bem.
Pode ser que você não entenda esses aspectos e, ainda assim, tente
fazer negócios.
Sua empresa irá fracassar.

Você deve pedir para os clientes comprarem quando tiver certeza de que
sua posição está segura.
Não tente escolher o momento de fazer a venda para atender às
necessidades de sua empresa.
Pode haver muitas razões para que não seja o momento oportuno.
Mas você deve sempre fechar o negócio quando surge a oportunidade.

Quando perceber que não irá fazer a venda, deve adiar a decisão.
Você pode estar precisando muito fechar o negócio.
Mesmo assim, adie uma decisão que pode levá-lo ao fracasso.

Você nunca deve fazer negócio porque precisa de dinheiro em caixa.
Deve pedir para os clientes comprarem sem medo de rejeição.
Faça o que for preciso para preservar sua empresa.
Você deve ajudar o cliente a ajudar sua empresa.
É assim que você consegue fazer uma pequena empresa prosperar.

4 Trate seus clientes como se fossem seus filhos.
Eles ficarão ao seu lado.
Trate-os com dedicação e atenção.
Serão clientes fiéis.

Alguns empresários são muito generosos com seus clientes.
Eles gostam de seus clientes, mas não conseguem ter lucro com eles.
As operações de sua empresa são confusas e desorganizadas.
Esses empresários criam expectativas impossíveis de atender.
A empresa não tem futuro.

5 Você pode até saber que oferece bons produtos e serviços.
Mas também deve entender o valor deles para o cliente.
Caso contrário, você fez apenas parte de seu trabalho.
Você até pode saber como satisfazer as necessidades de seus clientes.
Mas ainda tem de convencê-los de que eles valem o preço que está
sendo cobrado.
Se você falhar, fez apenas parte de seu trabalho.
Você pode até conhecer as necessidades de seus clientes.
Pode saber como seus produtos atendem às necessidades deles.
Mas também precisa saber como ganhar dinheiro vendendo
esses produtos.
Caso contrário, você fez apenas parte de seu trabalho.

Você precisa realmente entender como sua empresa funciona.

Só assim poderá agir com segurança.

O céu é o limite.

Atente para os seguintes pontos:

Conheça seus clientes e seus produtos.

Então, o sucesso virá sem esforço.

Entenda o modo de pensar e as necessidades de seus clientes.

Então, o sucesso é garantido.

Capítulo 11

Estágios da Empresa

Este capítulo descreve nove diferentes situações que costumam modificar-se quando um exército invade o território inimigo e penetra cada vez mais fundo nele. Cada uma dessas situações ou estágios de desenvolvimento tem um foco tático claro. Para o pequeno empresário, esses estágios descrevem as nove situações diferentes que ocorrem quando se abre uma empresa em um novo mercado.

A primeira seção do capítulo descreve os nove estágios da campanha militar e as táticas específicas que eles implicam.

Na seção seguinte, Sun Tzu mostra como impedir que os adversários se organizem e se defendam da invasão.

A terceira seção mostra como se conduz uma invasão em território inimigo.

Na quarta seção, Sun Tzu explica como se prepara com antecedência a reação certa ao ataque e como se utiliza a adversidade para unir as forças.

Em seguida, ele discorre sobre as funções de um líder.

Na sexta seção, Sun Tzu analisa os estágios de uma campanha, com ênfase na psicologia da tropa.

Na seção seguinte, ressalta que o conhecimento e a unidade são o segredo de uma campanha vencedora, enfatizando a capacidade de recuperação dos reveses iniciais.

Por fim, Sun Tzu discute a necessidade de se estabelecer, desde o início, o tom certo para uma campanha.

Estágios da Empresa

1 Use seu bom senso nos negócios:
Perceba quando a empresa está em um estágio delicado.
Perceba quando está em um estágio fácil.
Perceba quando está em um estágio contencioso.
Perceba quando está em um estágio de incerteza.
Perceba quando está em um estágio de colaboração.
Perceba quando está em um estágio perigoso.
Perceba quando está em um estágio difícil.
Perceba quando está em um estágio de limitações.
Perceba quando está em um estágio de vida ou morte.

Às vezes, você deve defender-se de um novo concorrente.
Esse é um estágio delicado.

Quando você entra em um novo mercado, sua empresa é uma novidade.
Esse é um estágio fácil.

Alguns clientes são muito rentáveis.
No entanto, os concorrentes também podem conquistar esses clientes.
Esse é um estágio contencioso.

Você consegue avançar facilmente quando se trata de desenvolver
seu negócio.
No entanto, os concorrentes podem entrar no mercado a
qualquer momento.
Esse é um estágio de incerteza.

Várias empresas não concorrentes também vendem para seus clientes.
Se você conseguir estabelecer parcerias adequadas com elas, você
dominará o mercado.
Esse é um estágio de colaboração.

Você faz grandes investimentos para desenvolver seu negócio.
Os concorrentes ainda têm muitos clientes fiéis no mercado.
Esse é um estágio perigoso.

A empresa diminui o ritmo.
Os distribuidores estão perdidos.
Os principais clientes abandonam sua empresa.
Todas as empresas passam por essas situações.
Esse é um estágio difícil.

Em algumas empresas, há um ponto-chave de transição.
Você tem alguns funcionários, clientes ou distribuidores-chave.
Tudo pode ir por água abaixo se os concorrentes souberem o quanto você
é dependente.
Esse é um estágio de limitações.

Você só consegue ser bem-sucedido quando compromete todos os
seus recursos.
Você fracassará, se demorar para agir.
Esse é um estágio de vida ou morte.

Para ser bem-sucedido, evite o estágio delicado, não dando chances para os concorrentes.

No estágio fácil, continue a desenvolver seu negócio.
No estágio contencioso, evite a concorrência.
No estágio de incerteza, mantenha-se no mesmo patamar da concorrência.
No estágio de colaboração, faça boas alianças.
No estágio perigoso, concentre-se em gerar receita.
No estágio difícil, sua empresa deve continuar adaptando-se às situações.
No estágio de limitações, seja criativo.
No estágio de vida ou morte, lute para vencer.

2 Identifique clientes para os quais você tem mais valor.
Faça uso de marketing específico para impedir que seus maiores concorrentes voltem o poder deles contra você.
Escolha mercados em que o porte da empresa concorrente seja uma desvantagem.
Escolha áreas de especialização em que seus concorrentes não têm habilidades.
Não deixe a gerência dos concorrentes ter uma idéia exata do valor de seu mercado-alvo.
Desencoraje qualquer empresa que possa se beneficiar de seus clientes.
Impeça os concorrentes de copiar seus métodos.

Quando você tem uma vantagem clara, force comparações.
Quando você está em desvantagem, evite-as.

Você se pergunta:
"Um concorrente grande, organizado, está entrando no mercado.
O que devo fazer?"

Há uma resposta:

Primeiro, ataque o concorrente no mercado que ele mais valoriza.

Assim, ele prestará atenção nesse mercado.

Então, mude rapidamente o foco de sua empresa.

Explore a incapacidade que uma grande empresa tem de encontrar um novo foco.

Evite investir onde você tem uma oposição forte.

Mantenha seu negócio onde a concorrência está despreparada.

3 Sua empresa deve se manter através das vendas aos clientes. Comprometa-se totalmente com seus clientes e ganhe a conta deles.

Isso cria um foco para a sua empresa, sem limitá-la.

Você deve obter lucros rapidamente com seus clientes.

Os lucros por si só podem pagar todo o crescimento da empresa.

Cuide de seus funcionários e não os sobrecarregue.

Compartilhe o sucesso de sua empresa com eles.

Mantenha seus funcionários ocupados e esperando surpresas.

Faça de tudo para a concorrência não roubar seus funcionários.

Desenvolva uma empresa que tenha funcionários experientes.

Eles devem ficar com você mesmo quando surgirem problemas.

As pessoas dependentes acham soluções para os problemas.

Se as pessoas são dependentes, elas irão se empenhar ao máximo.

Quando as pessoas são dependentes da empresa, elas perdem o medo.

Quando elas não tiverem alternativa, ficarão com você.

Se você estiver comprometido com seus clientes, os funcionários irão permanecer a seu lado.

Como eles não têm para onde ir, irão dar tudo de si.

Faça com que seus funcionários estejam totalmente comprometidos com a empresa.

Todos sabem o que fazer sem que ninguém lhes diga.

Todos vêem o que é necessário sem que ninguém lhes diga.

Todos se dedicam sem necessidade de pressão.

Você pode confiar em todos eles, mesmo que não tenham recebido instruções.

Dissipe os rumores tornando claros quais são seus compromissos.

Evite o fracasso não deixando espaço para desculpas.

Você e seus funcionários podem não ser ricos.

Mas não é por falta de vontade de ter uma boa situação financeira.

Você e seus funcionários podem fracassar juntos.

Mas não é porque vocês não estão empenhados em se sair bem.

Você deve saber em que prazo o trabalho deve ser feito.

Seus funcionários irão alegar que não conseguem cumprir os prazos.

Mesmo quando eles precisam cumprir prazos, ainda irão lhe dizer que isto é impossível.

Coloque-os em uma posição sem saída.

Eles irão encontrar um jeito de fazer o trabalho.

4 Tire proveito do estágio em que sua empresa se encontra.

No mundo dos negócios, é preciso ter reflexos rápidos.

Você deve estar preparado para superar os problemas rapidamente.

Deve ser capaz de agir por instinto.

Se os concorrentes o atacam dizendo que sua empresa é inexperiente, diga que eles são ultrapassados.

Se eles o atacam dizendo que sua empresa não é ágil, diga que eles andam rápido demais.

Se atacam por todos os lados, contra-ataque.

Você pode até questionar esses reflexos.
Sua empresa deve reagir imediatamente ao ataque?
Só há uma resposta:
Sem dúvida!

Para liderar e ter controle sobre seus funcionários, você deve entender como tirar proveito da adversidade.
Você deve unir as pessoas dando-lhes desafios que elas possam enfrentar com sucesso.
Seus funcionários trabalharão juntos quando todos perceberem que estão no mesmo barco.

Tire proveito da adversidade de forma correta.
Vincule seu sucesso ao de seus funcionários.
Mas só isso não basta.

Uma equipe é mais aguerrida do que apenas um indivíduo.
É nisso que consiste o trabalho em equipe.
Você deve colocar lado a lado seus melhores e piores funcionários.
Você deve tirar proveito do estágio em que se encontra sua empresa.
Use bem suas habilidades de homem de negócio.
Mantenha seus funcionários unidos.
Nunca permita que eles deixem a empresa.

5 Um homem de negócios deve ser profissional.
Isso exige confiança e desprendimento.
Você deve manter sua liderança e foco.
Deve controlar o que seus funcionários vêem e ouvem.
Eles devem acreditar em você sem necessidade de que os planos sejam explicados.

Você pode reinventar o trabalho das pessoas.
Pode mudar de direção.
Deve liderar as pessoas sem ter de explicar tudo.

Você deve ser capaz de mudar de localização.
Deve poder modificar seus procedimentos de negócio.
Seus funcionários devem aceitar as mudanças sem que você precise
explicar tudo.

Você deve dar exatamente aquilo de que as pessoas necessitam no
momento.
Deve estar disposto a aventurar-se e correr riscos em seu negócio.
Deve fazer seus funcionários se envolverem com a empresa para identifi-
car seus problemas.
É assim que eles descobrem as oportunidades de êxito.

Você deve gerenciar seus funcionários como um grupo.

Deve inspirá-los a seguir em frente.
Deve inspirá-los a trabalhar.
Não deve deixar que eles achem que seu emprego está seguro.

Deve organizá-los como se fossem uma máquina potente e produtiva.
Você deve prepará-los para se oporem a seus concorrentes.
Esse é o trabalho de um verdadeiro líder.

Você deve adaptar-se a todos os estágios da empresa.
Deve adaptar seus métodos para conquistar clientes.
Deve ganhar o respeito de seus funcionários.
Deve dominar todas essas habilidades.

6 Sua empresa deve gerar lucro através do portfólio de clientes.
O compromisso com seus clientes enfoca seus esforços.
A falta de comprometimento dissipa seus recursos.
Quando você deixa para trás o que você conhece e entra em um novo mercado, deve tomar a liderança.
É um estágio crítico.

Você e outras empresas podem ter objetivos em comum.
Esse é o estágio de colaboração.

Você pode investir tudo para conseguir um novo negócio.
Esse é o estágio perigoso.

Todos os mercados parecem promissores à primeira vista.
Esse é sempre o estágio fácil do negócio.
Suas operações podem encolher até o ponto em que você pode contar com algumas pessoas.
Esse é o estágio de limitações da empresa.

O futuro de uma empresa pode depender da solução de uma crise.
Esse é o estágio de vida ou morte.

Para se sair bem em uma situação delicada, você precisa contar com o empenho de seus funcionários.

No estágio fácil, deve comunicar-se com os clientes.
No estágio contencioso, deve criar obstáculos para os concorrentes.
No estágio de incerteza, deve defender sua base de clientes.
No estágio de colaboração, deve unir-se a seus aliados.

No estágio perigoso, deve ter lucro.

No estágio difícil, deve manter sua empresa em evolução.

No estágio de limitações, deve manter seus relacionamentos com as pessoas-chave.

No estágio de vida ou morte, deve mostrar que é capaz de enfrentar o desafio que se apresenta.

Torne sua equipe forte.

Se os membros da equipe se concentrarem nos clientes, irão se sair bem.

Quando eles não tiverem escolha, irão empenhar-se ao máximo.

Quando estiverem sob pressão, seguirão sua liderança.

7 Faça a coisa certa quando não entender o modo de pensar dos clientes. Não tente conquistar suas contas.

Você não entende os hábitos de compra, gosto e necessidades de seus clientes?

Então, não tente conquistá-los.

Você não conhece seus mercados?

Então, não entenderá as reais oportunidades que eles oferecem.

Há muito o que saber quando se administra um negócio.

Você não quer perder nenhuma oportunidade.

Caso contrário, você não consegue controlar o crescimento de sua empresa.

Você deve manter os grandes concorrentes afastados de seu mercado.

Roube suas idéias e seu *momentum* antes que eles possam estabelecer uma posição segura.

Faça-os se desapontarem com o mercado.

Impeça que eles estabeleçam parcerias e se especializem.

Faça a coisa certa e nem sempre dependa dos parceiros para ajudá-lo em todos os mercados.

Dessa forma, você não terá de brigar pela liderança.

Confie em si e nos seus próprios recursos.

Isso enfraquece a fonte de informações de qualquer concorrente.

Você pode convencer os parceiros de seu concorrente a passar para seu lado.

Dessa forma, a empresa do concorrente pode desmoronar.

Agindo de forma independente, você não tem de lidar com as políticas da empresa de seu parceiro.

Pode mudar suas ofertas sem discussão.

Pode concentrar todos seus recursos no cliente-alvo.

Pode se concentrar em um único objetivo.

Seja hábil ao fazer negócios.

Não exponha seus planos.

Seja agressivo quando encontrar uma vantagem.

Não faça propaganda dos riscos que você assume.

Você pode passar por fases difíceis e perder clientes, mas mesmo assim sobreviver.

Pode perder terreno em um mercado, mas também aprender com seus erros.

Você pode se sair bem muitas vezes e ainda assim ter de enfrentar situações difíceis.

Se você cometer erros, ainda pode transformar o fracasso inicial em sucesso.

Você deve utilizar suas habilidades nos negócios.

Deve adaptar-se às condições de negócios que mudam constantemente.

Deve adaptar-se a seus clientes, não importa o que houver.

Você pode reverter a situação com seus clientes e conquistar suas contas.

Se você entender as opções dos clientes, irá encontrar uma forma de conquistá-los.

8 Faça a coisa certa quando estiver tentando expandir seu negócio.
Proteja os mercados em que você atua e mantenha os concorrentes longe dele.

Não deixe que seus planos vazem.

Consiga o total comprometimento de seus funcionários.

Elimine tudo que desvie o foco de sua empresa.

Identifique os pontos fracos de seus concorrentes.

Tire vantagem rapidamente desses pontos fracos.

Forme rapidamente uma base de clientes.

Não perca tempo.

Elimine as barreiras que o impedem de conquistar os clientes.

Use seu bom senso para saber onde competir.

O sucesso nos estágios iniciais da empresa é conseqüência de cortejar seus clientes como se faz com uma mulher.

Seus concorrentes, no final, irão negligenciar os clientes.

Quando isso acontecer, você deve agir rápido.

Nunca deixe seus concorrentes o alcançarem.

Capítulo 12

Aumentando a Produtividade

Embora neste capítulo Sun Tzu concentre suas atenções em uma arma específica, o fogo, seu tema mais geral é a utilização de qualquer arma, com ênfase na alavancagem das forças ambientais como armas. Para o pequeno negócio, a melhor forma de alavancar desenvolvimentos no ambiente empresarial mais amplo é usá-los para melhorar a produtividade.

Sun Tzu começa descrevendo as cinco metas específicas para o ataque ambiental. Ele também enfatiza a importância fundamental de se identificar o momento oportuno desses ataques.

Em seguida, ele ressalta que o ataque em si é menos importante do que a reação correspondente. Um ataque não cria uma oportunidade. É a reação ao ataque que cria a oportunidade.

Na seção seguinte, ele compara o fogo e a água a armas ambientais.

Por fim, ele discute a necessidade de se controlar as emoções no momento do ataque e da reação.

Aumentando a produtividade

1 Há cinco maneiras de melhorar a produtividade da empresa.
A primeira é agilizar as operações.
A segunda é melhorar as ofertas.
A terceira é agilizar a entrega.
A quarta é eliminar o armazenamento.
E a quinta é dar ênfase à comunicação.

Para melhorar a produtividade da empresa, você precisa de recursos.
Para fazer uma mudança, deve identificar novos métodos.

Para ganhar agilidade, deve sincronizar os processos.
Para agilizar as operações, precisa investir tempo.

Escolha a época certa.
As tendências podem ser previsíveis.

Escolha o momento certo.
Faça mudanças quando sua empresa estiver preparada.

Você pode saber quando deve fazer as mudanças lendo os sinais.
Espere por um momento em que o ambiente de negócios seja favorável a
uma mudança.

2 Todos tentam melhorar a produtividade da empresa.
Você precisa saber usar cinco diferentes abordagens para aumentar
sua eficiência.

Você pode eliminar diretamente certas tarefas.
Para isso, mude os processos relacionados a elas.

Se você eliminar uma tarefa, pode não ter problemas no início.
Espere antes de fazer mais mudanças.

O tempo que se leva para realizar uma tarefa naturalmente aumenta.
Mantenha um histórico do tempo despendido, se possível.
Se você não entende de uma tarefa, evite fazer mudanças.

Pequenas mudanças em um procedimento podem funcionar.
Não elimine a tarefa; agilize-a.

Seja paciente quando tiver de automatizar tarefas.

Certifique-se de que, com sua mudança, os outros processos irão funcionar.
Não economize tempo em um lugar para simplesmente perdê-lo
em outro.
Melhorias significativas duram muito tempo.
Melhorias superficiais desaparecem rapidamente.

É preciso conhecer essas cinco regras para melhorar a produtividade
da empresa.
Incentive seus funcionários a comunicar suas novas idéias.

3 Quando você melhora sua produtividade, sempre gera valor.
A tecnologia pode ser a mola da mudança.
O uso da tecnologia pode poupar trabalho.
Por causa de seus custos, ela nem sempre gera valor.

4 Uma empresa que busca melhorar sempre é bem-sucedida.
É um erro não procurar oportunidades de reinventar sua empresa.
Você não pode perder nenhuma oportunidade quando está no comando
de uma empresa.

Atente para o seguinte:
Se você é inteligente, planeja para alcançar o sucesso.
Se você é atento, analisa sua empresa.
Se uma mudança não vale a pena, não tente fazê-la.
Se a mudança não faz diferença, não desperdice seus recursos.
Se não há um problema real, você não consegue lidar com ele.

Nunca deixe que suas emoções interfiram no sucesso de sua empresa.
Nunca faça mudanças simplesmente porque você está aborrecido com
alguma coisa que aconteceu.
Faça apenas aquilo que é necessário para gerar mais valor.
Se não há vantagem em inovar, deixe a idéia de lado.

O que o aborrece hoje pode ser motivo de alegria amanhã.
A raiva pode se transformar em contentamento.
Se você destruir sua empresa, não haverá uma segunda chance.
Os funcionários que saem não voltam.

Tendo consciência disso, você deve precaver-se.
Um bom empresário é cauteloso.

Seu plano deve unir sua empresa e manter os funcionários satisfeitos.

Capítulo 13

用 間

Utilizando Informações

No último capítulo, Sun Tzu analisa o que considera ser o elemento mais importante da estratégia: a informação. No final de vários capítulos anteriores, ele ressaltou a importância da informação. Neste último capítulo, Sun Tzu volta ao assunto dando ênfase especial à criação de fontes de informação. Embora o dono de uma pequena empresa não necessite de espiões, as lições apresentadas neste capítulo sobre o desenvolvimento e a utilização de fontes de informação são muito pertinentes.

Sun Tzu começa descrevendo os muitos custos da guerra que podem ser minimizados com a obtenção das informações certas. Ele acredita que as fontes das quais elas devem ser obtidas são as pessoas.

Em seguida, ele enumera os cinco tipos diferentes de informação e de fontes de informação.

Na seção seguinte, ele discute as técnicas para se avaliar a informação e administrar suas fontes.

Então, ele defende que, antes de tentar resolver determinado problema, você deve procurar fontes que possam lhe dar uma visão geral dele.

A última seção enfatiza que, segundo a história da competição, o sucesso depende primeiramente da manutenção de boas fontes de informação.

Utilizando Informações

1 Administrar, mesmo que seja uma pequena empresa, afeta milhares de pessoas.

Como dono de um pequeno negócio, você trabalha milhares de horas.

Você investe grande parte de sua vida na empresa.

Pode investir as economias de uma vida.

Todos os dias, sua empresa consome recursos limitados.

Eventos internos e externos forçam a empresa a fechar.

A produtividade é perdida se os funcionários procuram outro emprego.

Muitos são incapazes de encontrar um novo emprego que seja tão produtivo.

Oitenta por cento das pequenas empresas fracassam nos dois primeiros anos.

Você pode administrar uma empresa durante anos.

Então, uma única oportunidade pode definir seu sucesso.

Apesar disso, muitos empresários investem dinheiro principalmente em salários e estoque.

Não investem em informação.

O resultado é devastador.

Sem informação, você não consegue administrar um negócio.

Não consegue criar valor para os clientes.

Não consegue ter êxito.

Você deve administrar uma empresa valiosa e produtiva.
Deve alocar os recursos nos lugares certos.
Precisa sobreviver em um ambiente competitivo.
Isso requer informação.

É possível obter informação.
Não se consegue isso com filosofia.

Tampouco com base nas experiências anteriores.
E muito menos tirando conclusões.
Só é possível obter informações por meio de outras pessoas.
Você sempre deve conhecer a situação de sua empresa.

2 Você precisa de cinco tipos de informação:
1. Informações sobre o mercado.
2. Informações sobre os clientes.
3. Informações sobre os concorrentes.
4. Informações de marketing.
5. Informações sobre vendas.

Você deve usar os cinco tipos de informação.
Dessa forma, ninguém conseguirá fazer frente à sua empresa.
Você entende sua empresa e sua posição.
A informação é seu recurso mais valioso.

Você precisa de informações sobre o mercado em que atua.
Faça perguntas a seus clientes para obter essas informações.

Você precisa de informações sobre determinados clientes.
Descubra o que eles pensam.

Você precisa de informações sobre os métodos da concorrência.
Contrate pessoas de outras empresas e use-as.

Você precisa de informações sobre marketing.
É preciso que os clientes estejam cientes da sua presença no mercado.
Comunique o valor diferenciado que sua empresa pode oferecer.
Faça propaganda e publicidade de sua empresa no mercado.

Você precisa de informações sobre vendas.
Analise que tipo de venda gera mais receita.

3 Sua tarefa é criar uma empresa completa.
Nenhum recurso é tão importante quanto as fontes de informação.
Nenhuma recompensa é boa o bastante quando se consegue
informações-chave.
Nenhuma informação é tão difícil de se obter como a informação certa,
no momento apropriado.

Você pode ser inteligente o bastante para estabelecer relações entre os
dados.
Pode ser aberto e isento ao interpretá-los.
Se você não percebe as sutilezas, não consegue identificar o que há de
verdade nas informações.

Preste atenção aos pequenos detalhes.
As informações podem ser úteis em qualquer área.
Seu *staff* deve reunir informações sobre sua empresa, mas não deve
divulgá-las.
As pessoas que divulgam seus planos ou segredos para os concorrentes
podem destruí-los.

4 Você pode querer copiar as melhores práticas dos concorrentes.
Pode querer oferecer um novo produto.

Pode querer interromper o fornecimento de determinado serviço.

Em primeiro lugar, você precisa saber o que os clientes pensam.

Deve saber o que as outras empresas estão fazendo.

Deve entender quais são suas próprias prioridades.

Deve saber onde estão suas oportunidades.

Precisa saber como seu pessoal trabalha em equipe.

Deve obter essa informação diretamente das pessoas.

Você quer saber quem entende das práticas dos concorrentes e contratar essas pessoas.

Para tal, deve estar disposto a pagar por essas informações.

Precisa atrair pessoas informadas para sua empresa.

Precisa contratar pessoas com experiência externa e utilizá-las para atrair outras.

Faça isso com tato.

Você pode contratar pessoas que trabalham para os concorrentes e, assim, conseguir informações sobre eles.

Também pode fazer isso de forma seletiva.

Você cria informações de marketing usando a mídia.

Você faz os jornalistas ficarem interessados, atraindo sua atenção.

Faça isso com tato.

Você precisa de informações detalhadas sobre o que sua empresa vende bem todo o tempo.

Há cinco tipos diferentes de informação.

Você deve saber usar todos eles.

Deve entender as práticas da concorrência.

Não se pode investir muito tempo para entender as melhores práticas.

5 É assim que empreendedores competentes criam pequenas empresas de sucesso.

É assim que eles venceram a concorrência.

Você deve sempre zelar pelo seu sucesso.

Analise o histórico de sua empresa.

Você deve ser um empreendedor informado e capaz.

Deve utilizar seus melhores e mais brilhantes funcionários para obter informações.

É assim que você consegue alcançar o sucesso máximo.

É assim que você satisfaz as necessidades de sua pequena empresa.

Sua habilidade de competir e adaptar-se depende de como manter boas fontes de informação.

Sobre o Tradutor e o Autor

Gary Gagliardi é o maior especialista americano em adaptar *A Arte da Guerra* de Sun Tzu a situações competitivas atuais. Ao mesmo tempo em que criou e desenvolveu uma das empresas que mais cresceram nos Estados Unidos, ele estudou, colocou em prática e ensinou os métodos de Sun Tzu. Depois de vender sua empresa, ele desenvolveu três trabalhos pioneiros que explicam *A Arte da Guerra*.

Gagliardi criou a primeira transliteração de Sun Tzu publicada em inglês, traduzindo cada caractere a partir das compilações chinesas mais recentes e mais completas do texto. Esse trabalho demonstrou a natureza quase matemática do texto original e é a base para suas outras descobertas sobre Sun Tzu. Essa transliteração e a nova tradução para o inglês estão em *The Art of War Plus The Ancient Chinese Revealed*.

Posteriormente, para seus seminários sobre *A Arte da Guerra*, ele descobriu os principais elementos do sistema de competição de Sun Tzu nos ideogramas, seguindo a metodologia tradicional usada por todas as antigas ciências chinesas. Isso o levou à descoberta de muitas relações ocultas no texto, o que lhe possibilitou explicar várias das suas aparentes contradições. Esse trabalho está contido na série *The Amazing Secrets*, disponível em livro, vídeo e áudio.

Finalmente, ele explicou cada estrofe do sistema de competição de Sun Tzu à medida que se relaciona com os métodos de competitividade, economia e teoria dos jogos do mundo atual. Com mais de 300 páginas, este livro, intitulado *The Warrior Class*, é a pesquisa mais completa do sistema de Sun Tzu em termos modernos.

Gary Gagliardi também escreveu uma série de outras adaptações, aplicando os métodos de Sun Tzu a áreas como desenvolvimento de carreira, administração, marketing, vendas, pequenas empresas e até relacionamentos amorosos e relações entre pais e filhos.

Antes de iniciar seu trabalho sobre *A Arte da Guerra*, Gary era um empresário de sucesso e autor de dezenas de livros sobre desenvolvimento de negócios e informática. Após uma carreira bem-sucedida em vendas, marketing e administração em grandes empresas, abriu a própria empresa de software. Escreveu seu primeiro livro sobre Sun Tzu para a área de vendas e os distribuidores de sua empresa. Ela continuou a ser um negócio multimilionário e foi incluída duas vezes na lista das 500 empresas privadas de maior crescimento da revista *Inc*. Em 1996, ele vendeu a empresa para se dedicar, em tempo integral, às conferências e livros sobre os princípios estratégicos de Sun Tzu. Gary Gagliardi vive em Seattle com a esposa.

GRÁFICA PAYM
Tel. (011) 4392-3344
paym@terra.com.br